Michael Gressmann

Die 2. Fundgrube für Vertretungsstunden

Michael Gressmann

Die 2. Fundgrube für Vertretungsstunden

in der Sekundarstufe I

Cornelsen
SCRIPTOR

Cornelsen online http://www.cornelsen.de

Gedruckt auf chlorfrei gebleichtem Papier
ohne Dioxinbelastung der Gewässer.

Die Deutsche Bibliothek - CIP-Einheitsaufnahme

Gressmann, Michael:
Die 2. Fundgrube für Vertretungsstunden in der Sekundarstufe I /
Michael Gressmann. - 1. Dr. - Berlin : Cornelsen Scriptor, 1998
ISBN 3-589-21140-7

Dieses Werk berücksichtigt die Regeln der reformierten Rechtschreibung und Zeichensetzung.

5. 4. 3. 2. € Die letzten Ziffern bezeichnen
05 04 03 Zahl und Jahr der Auflage.

Redaktion: Stefan Giertzsch, Berlin
Herstellung und Satz: Kristiane Klas, Frankfurt am Main
Umschlagentwurf: Studio Lochmann, Frankfurt am Main, unter Verwendung einer Zeichnung von Klaus Puth, Mühlheim
Druck und Bindung: Clausen & Bosse, Leck
Printed in Germany
ISBN 3-589-21140-7
Bestellnummer 211407

Inhaltsverzeichnis

3. Deutschstunde

4. Bewerbungstraining

5. Zeichnen und Basteln

6. Natur und Technik

7. Bewegungsspiele

8. Buntes Allerlei

Vorwort

Geht es Ihnen wie mir? Wenn ich kurzfristig eine Vertretungsstunde übernehmen soll, bin ich nur ungern der Aufpasser, während die Schüler einen Arbeitsauftrag oder Wiederholungsaufgaben eines anderen Kollegen bearbeiten. Viel angenehmer für die Schüler und weniger anstrengend für Sie als Lehrer ist es, wenn Sie auf bewährte Unterrichtselemente oder erprobte Spielhandlungen zurückgreifen können.

Die erste Fundgrube für Vertretungsstunden liegt inzwischen in der sechsten Auflage vor. Die weite Verbreitung und die freundliche Aufnahme haben Verlag und Autor im Entschluss bestärkt, einen zweiten Band herauszugeben. Eine Fülle von neuen Ideen und nützlichen Anleitungen wird Ihnen sicherlich eine große Hilfe sein, wenn Sie überraschend eine Vertretungsstunde in einer fremden Klasse übernehmen müssen. Verzichtet wird auf tiefer gehende pädagogische Begründungen; stattdessen finden Sie hier konkrete Handlungsvorschläge, die sich spontan umsetzen lassen.

Es müssen nicht nur Vertretungsstunden sein, wenn Sie sich einmal von den Zwängen des Lehrplanes lösen wollen. Die letzten zehn Minuten einer anstrengenden Unterrichtsstunde, die letzte Stunde vor den Ferien, ein Landschulheimaufenthalt, die Projektwoche – Gelegenheiten gibt es genügend, Fähigkeiten und Fertigkeiten einzuüben, die im normalen Unterrichtsbetrieb zu kurz kommen. Nur fehlen dann oft Ideen zur Umsetzung. In diesem Buch gebe ich Ihnen viele praktische Hinweise, wie Sie solche Stunden gestalten können – und alles ohne großen Aufwand.

Warum sollten Sie nicht einmal das Spiel als didaktische Aktionsform im Unterricht einsetzen? Widerlegen Sie das Vorurteil, dass Spielen in der Schule unnütz, unrealistisch und Zeitvergeudung ist. Lernen und Spielen sind keine Gegensätze, genauso wenig wie Lernen und Arbeiten. Das gilt für das zweckfreie Spielen ebenso wie für das zielgerichtete Lernspiel. Warum soll man denn lustbetonte Beschäftigung, Spannung, kreatives Denken und Handeln vom Lernprozess ausschließen? Gerade Vertretungsstunden bieten dazu eine gute Gelegenheit, diese vernachlässigte Unterrichtsmethode wieder aufzuwerten – und wenn das Spiel auch „nur“ der Erholung dient.

An manchen Stellen habe ich auf die Nützlichkeit einer Materialsammlung hingewiesen, die eigens für Vertretungsstunden angelegt werden sollte. Im Anhang finden Sie eine Materialliste, die sich auf die vorgestellten Beiträge bezieht.

Bitte haben Sie Verständnis dafür, dass ich allein aus Gründen der besseren Lesbarkeit Leser und Leserinnen, Schüler und Schülerinnen, Lehrer und Lehrerinnen nur in der männlichen Form anspreche.

Und nun wünsche ich viel Spaß bei den (leider) unvermeidlichen Vertretungsstunden.

Michael Gressmann

1. Spiele in der Klasse

Zahl der Streichhölzer erraten

5–10 Streichhölzer, Auswertung an der Tafel

Jeder Schüler nimmt sich drei Streichhölzer. Dann hält er beide Hände unter den Tisch und gibt entweder ein Streichholz oder zwei oder alle drei Streichhölzer in die linke Hand. Diese Hand bleibt unter dem Tisch und die rechte, geschlossene Hand legt er auf den Tisch.

Nun darf jeder Schüler eine Zahl nennen, d.h. er soll erraten, wie viele Streichhölzer sich insgesamt in allen rechten Händen befinden. Nehmen 20 Schüler teil, können es zwischen 0 und 60 sein. Damit Sie die Übersicht nicht verlieren, schreiben Sie die Anfangsbuchstaben der Vor- und Zunamen aller Mitspieler an die Tafel und notieren die genannten Zahlen.

Dann geben Sie ein Zeichen und alle Schüler öffnen gleichzeitig ihre rechte Hand. Sie gehen herum und zählen die Streichhölzer. Gewonnen haben die Schüler, die die Anzahl der Streichhölzer richtig erraten haben bzw. der Zahl am nächsten gekommen sind. Ihre Namen werden an der Tafel festgehalten. Nach zehn Runden steht der Klassensieger fest.

Eine andere Variante ist, dass die Schüler, die richtig getippt haben, ein Streichholz ablegen dürfen. Dann muss man gut aufpassen und bei den nächsten Spielen die fehlenden Streichhölzer berücksichtigen. Sieger ist, wer als Erster seine drei Streichhölzer abgelegt hat. Oder man ermittelt den Verlierer, der als Letzter noch Streichhölzer besitzt.

Münzen ertasten

5–10 Kleingeld, Münzen, Auswertung an der Tafel

Es soll früher einmal einen Straßenbahnschaffner gegeben haben, der ohne hinzuschauen genau wusste, wie viel Kleingeld ihm ein Fahrgast in die Hand gegeben hat. Auch das richtige Wechselgeld holte er aus seinem Geldbeutel hervor, ohne es anzuschauen. Wie sieht es mit dem Tastgefühl unserer Schüler aus?

Der Lehrer hält eine abgezählte Menge Kleingeld, die aus unterschiedlichen Münzen besteht, bereit. Ein Schüler hält beide Hände *hinter* seinen Rücken und der Lehrer legt ihm das Geld in seine rechte Hand. Jetzt versucht der Schüler, die Münzen einzeln zu erkennen, indem er sie Stück für Stück in die andere Hand nimmt. Er zählt das Geld und gibt dem nächsten Schüler, der schon mit beiden

Händen hinter dem Rücken wartet, die Münzen in die rechte Hand. Dann schreibt er seine (vermutete) Geldsumme an die Tafel.
Sieger ist, wer die richtige Summe errät oder ihr am nächsten kommt.

Bingo

5–10 ***Schreibpapier, Lineal, eigene Liste mit Begriffen, evtl. Urkunde oder kleiner Preis***

Alle Schüler zeichnen folgende Tabelle auf ein DIN-A4-Blatt:

	1	2	3	4	5
Städte					
Flüsse					
Sportarten					
Automarken					
Blumen					

Statt der Sammelbegriffe in der Tabelle kann man auch andere wählen: Berufe, Lebensmittel, Getränke, berühmte Personen, Tiere, Pflanzen, Vornamen, Länder ...
Die Schüler – jeder für sich – füllen nun die Tabelle mit möglichen Wörtern aus. Ist dies geschehen, nennen Sie als Spielleiter nun zwei Städte, dann zwei Flüsse, Sportarten usw. und fangen dann wieder von vorn an: zwei andere Städte, Flüsse ...
Natürlich notieren Sie sich die von Ihnen genannten Begriffe, damit eine Wiederholung ausgeschlossen ist. Haben die Schüler einen der von Ihnen genannten Begriffe in ihrer Tabelle stehen, wird er deutlich durchgestrichen. Dabei ist es egal, an welcher Stelle das jeweilige Wort steht.
Ein Schüler hat z.B. diese Liste angelegt und die von Ihnen genannten Wörter angekreuzt:

	1	2	3	4	5
Städte	Hamburg	Düsseldorf	~~München~~	Paris	New York
Flüsse	~~Oder~~	Werra	Seine	~~Wolga~~	Missippi
Sportarten	Judo	~~Fußball~~	Speerwerfen	Schach	Rudern
Automarken	VW	~~Opel~~	Mitsubishi	Ford	~~Fiat~~
Blumen	~~Rose~~	Nelke	Begonie	Tulpe	Aster

Gewonnen hat, wer zuerst

- an beliebiger Stelle sieben Wörter angekreuzt hat
- oder in einer Reihe oder Spalte vier Wörter angekreuzt hat.

Aufmerksamkeit gut

1. Luftwörter

5–8

Sie stellen sich vor die Klasse und erläutern das Spiel: „Mit dem Zeigefinger schreibe ich kurze Wörter in die Luft, und zwar Buchstabe für Buchstabe von oben nach unten. Ihr müsst die Wörter lesen und aufschreiben."

Da die Schüler die Buchstaben seitenverkehrt sehen, sollten Sie das gesuchte Wort sehr langsam schreiben. Als Vorübung stellen Sie sich (ausnahmsweise einmal) rückwärts zur Klasse und schreiben die Buchstaben in die Luft – aber dann von links nach rechts.

Einfache Wörter sind: Welt, Meer, Wind, Brot, Ahorn, Ofen, Spiel, Boot, Holz, Karte.

Etwas schwieriger sind: Mädchen, Fahrrad, Schäfer, Bäcker, Fenster, Straße, Papier.

Schwere Wörter sind: Abenteuer, Ferien, Kunststoff, Eisenbahn, Schulleiter, Hausmeister, Theater.

Nach jeweils vier Wörtern fragen Sie ab und geben für jedes richtig aufgeschriebene Wort einen Punkt. Die Schüler merken sich ihre Punktzahl. Der Schüler mit den meisten Punkten nach einer festgelegten Anzahl von Runden ist Sieger.

2. Wer fehlt und wer ist der Schnellste?

7–10

Wenn sich alle Schüler der Klasse schon gut kennen, macht dieses Spiel besonderen Spaß. Ermittelt wird der Schüler mit der besten Beobachtungsgabe und dem schnellsten Reaktionsvermögen.
Es treten immer zwei Schüler gegeneinander an. Vielleicht in der alphabetischen Reihenfolge ihrer Nachnamen. Die beiden Schüler stellen sich ans Fenster und der Rest der Klasse steht auf der Türseite so aufgereiht, dass die beiden Schüler alle Gesichter gut erkennen können. Jetzt drehen sich die beiden Kandidaten zum Fenster, schließen die Augen und legen vorsichtshalber noch die Hände vor die Augen. Einige Schüler tauschen ihre Plätze und einer, der vom Lehrer bestimmt wird, verlässt den Raum.
Auf ein Zeichen des Lehrers drehen sich beide Kandidaten gleichzeitig um und nehmen die Hände von den Augen. Wer von ihnen zuerst den Namen des Schülers nennt, der den Raum verlassen hat und draußen steht, hat gewonnen und ist eine Runde weiter. Dann kommen zwei andere Schüler an die Reihe. Alle Verlierer haben noch die Chance, über eine Trostrunde weiterzukommen.

3. Plätze tauschen

5–10 Protokoll

Fünf Schüler stehen nebeneinander in einer Linie. Ihnen gegenüber steht in etwa drei Meter Abstand ein weiterer Schüler – der Detektiv. Er soll sich die Reihenfolge der fünf gut einprägen. Dann dreht er sich um, verschließt seine Augen und hält zusätzlich noch die Hände vor die Augen. Einer der fünf Schüler wechselt seinen Platz. Auf ein Zeichen des Lehrers dreht sich nun der Detektiv wieder um. Er soll zwei Fragen beantworten:

- Welcher Schüler hat seinen Platz getauscht? Diese Frage ist leicht zu beantworten.
- Welcher Schüler war vor dem Platztausch sein rechter (bzw. linker) Nachbar?

Zwei Punkte erhält der Detektiv, wenn er beide Fragen richtig beantwortet hat. Dann ist der Nächste an der Reihe. Nach meiner Erfahrung dauert dieses Aufmerksamkeitsspiel ca. 45 Minuten, wenn in einer Klasse mit 20 Schülern jeder einmal Detektiv spielt. Und wenn die Punktbesten noch einmal gegeneinander antreten, sind zwei Schulstunden gerade ausreichend.

4. Türmchen bauen

5–10 Streichholzschachteln, Filmdosen oder Getränkebüchsen, Augenbinde, Protokoll

Ihrer kleinen Materialsammlung, die Sie sich schrittweise aufgebaut haben, entnehmen Sie ca. 20 leere Streichholzschachteln und eine Augenbinde. Einem Schüler verbinden Sie die Augen und erläutern ihm die Aufgabe:

„Du sollst einen möglichst hohen Turm aus den vor dir liegenden Streichholzschachteln bauen. Dabei darf immer nur eine Schachtel genommen werden und es darf immer nur eine über einer anderen liegen. Irgendwann wird der Turm umfallen und dann zählen die verbauten Schachteln als Pluspunkte. Du hast zwei Versuche und der beste zählt."
Ein Schüler führt Protokoll.

Dieses Koordinationsspiel erfordert große Aufmerksamkeit. Versuchen Sie einmal selbst in aller Ruhe, wie viele Schachteln Sie mit geschlossenen Augen auftürmen können. Mein Rekord liegt bei 12 Schachteln – aber erst nach einer langen Übungszeit.
Wenn Sie keine Streichholzschachteln zur Verfügung haben sollten, gehen auch die kleinen Filmdosen, die man leider oft gedankenlos wegwirft. Damit sie nicht vom Tisch rollen, brauchen Sie zur Aufbewahrung eine Schale, einen Korb oder etwas Ähnliches. Ich habe dieses Spiel auch einmal mit leeren Getränkedosen spielen lassen – aber mehr als vier konnte kein Schüler übereinander stellen.

5. Mehrere Dinge gleichzeitig

7–10 Pendel, Tafelanschrieb oder Overheadfolie

„Es kommt im Leben häufig vor, dass man viele verschiedene Dinge gleichzeitig tun muss. Denkt nur an das Autofahren oder an eine Sekretärin, die ein Stenogramm aufnimmt. Ihr sollt das jetzt einmal üben, indem ihr eure Aufmerksamkeit gleichzeitig auf drei Dinge richten müsst. Einmal sollt ihr Pendelschwingungen zählen und gleichzeitig mehrere Wörter mit zugeordneten Zahlen auswendig lernen."

Sie hängen ein selbst gebasteltes Pendel (s. Tipp. S. 20 unten) auf und setzen es in Bewegung. Erst einmal üben die Schüler das Zählen der Pendelschwingung (um eine volle Schwingung handelt es sich, wenn das Pendel wieder den Ausgangspunkt erreicht hat). Jetzt projizieren Sie eine Overheadfolie an die Wand, auf der sechs Hauptwörter und sechs zugehörige Zahlen stehen: 7 Äpfel – 3 Bälle – 9 Fahrräder – 2 Handtücher – 5 Zeitungen – 6 Nägel (verfügen Sie über eine Klapptafel, schreiben Sie die Wörter an die Tafel). Wenn das Pendel gerade den höchsten Punkt durchläuft, geben Sie das Startzeichen. Nun müssen die Schüler die Schwingungen zählen und sich gleichzeitig die Zahlen und Wörter merken. Nach einer Minute rufen Sie „stopp“ und legen die Folie beiseite (oder klappen die Tafel zu).

Die Schüler notieren die Anzahl der Schwingungen, die Zahlen und die Wörter. Zur Auswertung legen Sie die Folie wieder auf (oder klappen die Tafel auf).
Statt der Pendelschwingungen können Sie auch im Takt in die Hände klatschen oder auf den Tisch klopfen. Sie können auch sehr langsam auf und ab gehen und die Schüler müssen die Schritte zählen. Anderer Vorschlag: Sie schreiben einen Satz an die Tafel, den sich die Schüler merken müssen. Es bietet sich auch eine kleine Rechenaufgabe an, die gelöst werden muss, während man gleichzeitig die Pendelschwingungen zählt.

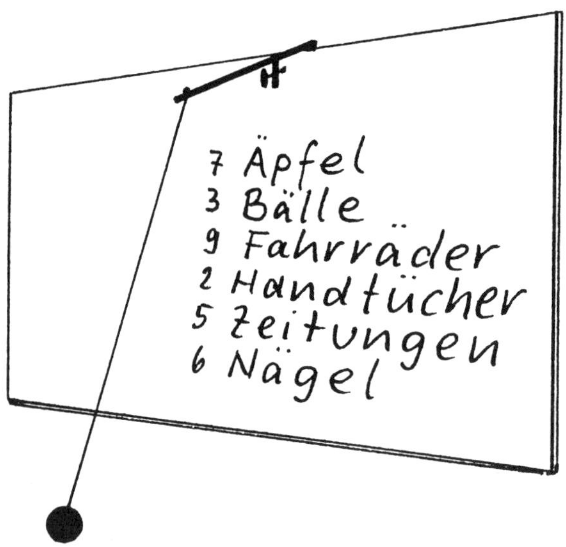

* Wenn kein Deckenhaken vorhanden ist, behelfen Sie sich mit einer Schraubzwinge, die Sie an gut sichtbarer Stelle (an der Tür, am Türrahmen, an der Tafel oder am geöffneten Fensterflügel) befestigen. Das Pendel hängen Sie dann an den überstehenden Arm der Zwinge. Die Pendellänge soll möglichst lang und die Pendelmasse möglichst groß sein, damit das Pendel langsam und gleichmäßig schwingt.

Wettlauf mit Strichen

5–10 Arbeitsblätter, Farbstifte

Auf kariertes Papier zeichnen die Schüler ein Feld mit 25 x 25 Kästchen. Vielleicht haben Sie auch in Ihrer Materialsammlung für Vertretungsstunden (siehe letzte Seite) einen Stapel Arbeitsblätter mit den vorbereiteten 625 Kästchen. Das folgende Blatt kann auch kopiert und vergrößert werden.

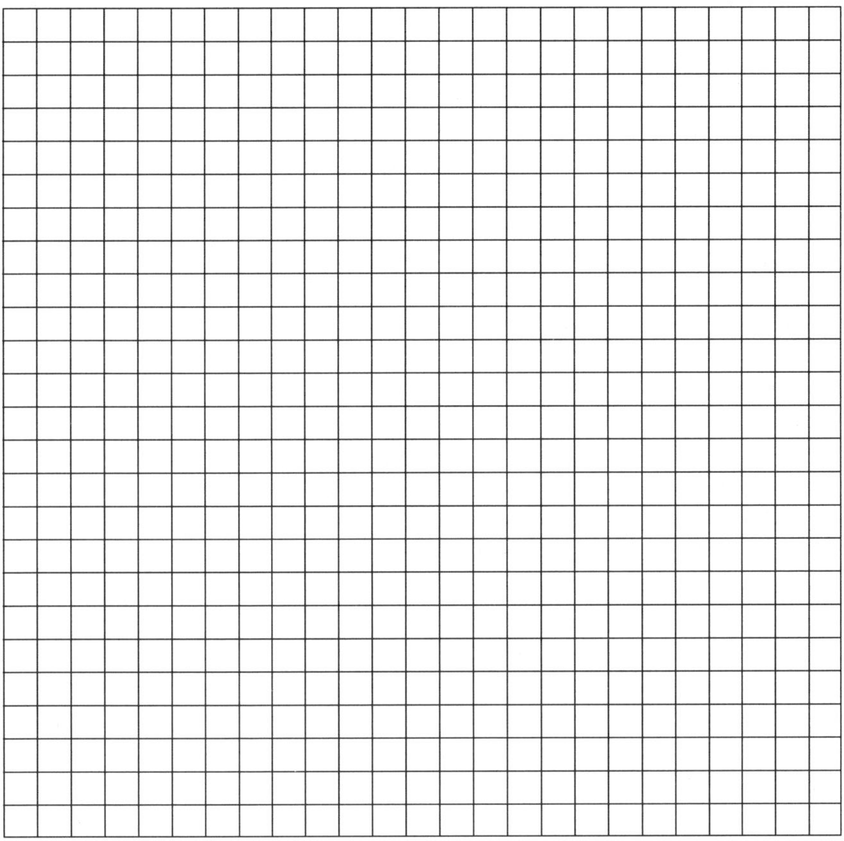

Es spielen zwei Schüler gegeneinander, einer von oben nach unten, der andere von unten nach oben. Sieger ist, wer zuerst eine lückenlose Verbindung zwischen dem oberen und unteren Rand herstellen kann. Dass sie sich dabei behindern dürfen, macht den Reiz des Spieles aus.

Gezeichnet wird abwechselnd nach folgender Regel: Jeder Zug ist eine Diagonale durch zwei nebeneinander oder übereinander liegende Felder (siehe die Beispiele auf dem folgenden Spielausschnitt). Die Linien dürfen die eigenen und gegnerischen Linien zwar berühren, aber nicht durchkreuzen.

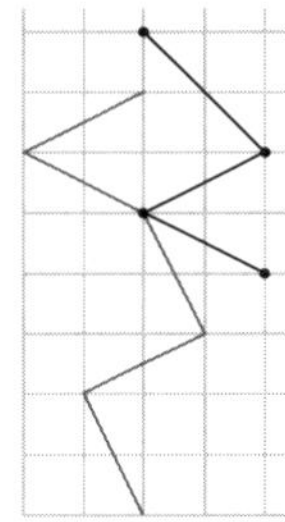

Jeder Spieler nimmt eine andere Farbe. Oder der eine von ihnen kennzeichnet seine Linien durch einen dicken Punkt am Anfang und Ende eines jeden Spielzuges. Ein Tipp: Manchmal ist es sinnvoll, seinen alten Weg vorerst nicht mehr fortzusetzen, sondern vom unteren (bzw. oberen) Rand aus eine neue Strecke zu beginnen, um dem anderen den Weg zu verbauen. Oder man beginnt von einem dicken Punkt seines eigenen Streckenzuges. Man kann einmal versuchen, das Spiel zu viert zu spielen. Dann zieht zusätzlich der Dritte vom rechten zum linken Rand, der Vierte vom linken zum rechten.

Verkehrssünder

7–10 Tafelbild, Augenbinde, Merkzettel, Protokoll

Sie zeichnen einen Straßenzug an die Tafel und lassen den Schülern Zeit, sich diesen einzuprägen. Ein Schüler soll nun mit verbundenen Augen (Augenbinde aus der Materialsammlung) eine Autofahrt simulieren und versuchen, mit der Kreide die Ideallinie zu fahren. Bevor Sie dem Schüler die Augen verbinden, erklären Sie ihm die Fahrtstrecke, die Sie sich selbst auf einem Merkzettel notiert haben:

1. Zuerst geradeaus bis zur Kreuzung fahren, dort nach rechts abbiegen.
2. Nach wenigen Metern links einordnen. Auf der Gegenfahrbahn zurück zur Kreuzung fahren. Rechts einordnen.
3. An der Kreuzung rechts abbiegen.
4. Um den Kreisverkehr herumfahren. Dabei auf der rechten Fahrspur bleiben.
5. Auf der rechten Fahrspur ins Ziel fahren.

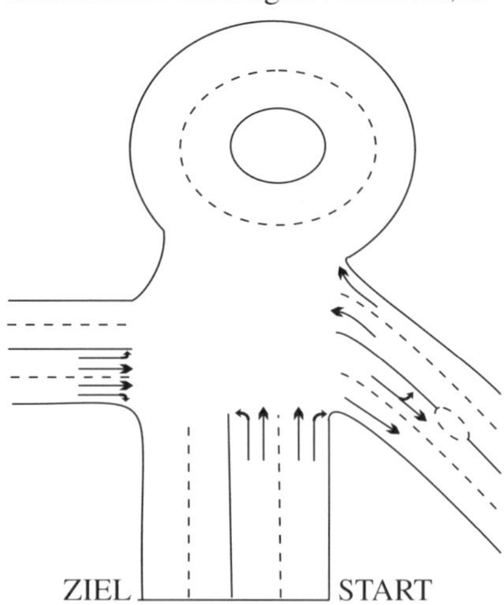

Sie selbst führen die Hand des „blinden“ Schülers an die Startlinie und geben das Startzeichen. Die „Fahrt“ beginnt und Sie wiederholen die einzelnen Etappen: „Zuerst geradeaus bis zur Kreuzung fahren.“ Der Fahrschüler zieht nun blind einen Kreidestrich bis zur vermeintlichen Kreuzung und wartet auf den nächsten Befehl. „Dort biegst du nach rechts ab.“ So geht es weiter, bis der Fahrer im Ziel ist. Für jede Abweichung von der Ideallinie gibt es einen Punktabzug.
Dann ist der nächste Fahrschüler an der Reihe. Er benutzt als Fahrspur eine andere Kreidefarbe.

Quiz in der Vertretungsstunde

8–10 Schreibutensilien, Urkunden, Gruppenarbeit

Warum gehören Quiz-Sendungen – auch wenn sie manchmal nicht besonders niveauvoll sind – mit zu den beliebtesten Fernsehsendungen? Vielleicht, weil sie eine Mischung von Spannung und Entspannung, von Bestätigung (Das hätte ich auch gewusst.) und Dazu-Lernen (Das wusste ich auch noch nicht.) sind? Auf jeden Fall lassen sich viele Elemente aus Quiz-Sendungen sinnvoll in Vertretungsstunden einbauen.
Ich zeige Ihnen, wie Sie alle Schüler der Klasse an dem Spiel beteiligen können und zum Schluss noch Zeit für die Siegerehrung haben.

Jeder Gruppe wird ein Wissensgebiet zugeordnet, aus der sie vier Fragen, die sie auch selbst beantworten kann, auf ein Blatt Papier schreibt. Zu jeder Frage müssen vier Auswahlantworten aufgeschrieben werden, von denen aber nur eine richtig ist.

Beispiele

Gruppe A	Wissensgebiet Erdkunde		
A 1. Wie heißt der längste Fluss der Welt?			
A1a Mississippi	A1b Nil	A1c Amazonas	A1d Jangtsekiang
A 2. Welche Stadt liegt auf dem gleichen Breitengrad wie London?			
A2a Hamburg	A2b Kassel	A2c Hannover	A2d Wiesbaden

A 3. Wie heißt die Hauptstadt von Rumänien?			
A3a Sofia	A3b Bukarest	A3c Budapest	A3d Prag
A 4. In welches Meer mündet die Wolga?			
A4a Kaspisches Meer	A4b Schwarzes Meer	A4c Aralsee	A4d Barentsee
(Unterschrift eines Schülers der Gruppe A)			

Gruppe B: Wissensgebiet Musik

Gruppe C	Wissensgebiet Sport		
C 1. Welche Sportart wurde bei der Olympiade in Sydney mit ins Wettkampfprogramm aufgenommen?			
C1a Tischtennis	C1b Triathlon	C1c Drachenfliegen	C1d Rollerscating
C 2. Ab wie viel kg Körpergewicht beginnt im Boxen die Schwergewichtsklasse?			
C2a ab 75 kg	C2b ab 79 kg	C2c ab 83 kg	C2d ab 87 kg
C 3. Der heutige Trainer der Fußball-Nationalelf heißt Rudi Völler. Wer war sein Vorgänger?			
C3a Berti Vogts	C3b Helmut Schön	C3c Franz Beckenbauer	C3d Erich Ribbeck
C 4. Welche Disziplin gehört nicht zum Zehnkampf-Programm?			
C4a Diskuswerfen	C4b Hammerwerfen	C4c Speerwerfen	C4d Kugelstoßen
(Unterschrift eines Schülers der Gruppe C)			

Gruppe D: Wissensgebiet Tiere
Gruppe E: Wissensgebiet Politik
Gruppe F: Wissensgebiet Physik
Gruppe G: Wissensgebiet Hauswirtschaft
Gruppe H: Wissensgebiet Pflanzen
Gruppe I: Wissensgebiet Auto
Gruppe J: Wissensgebiet Mathematik usw.

Achten Sie darauf, dass auf dem Fragebogen alle Fragen und Antworten den richtigen Kennbuchstaben haben und richtig durchnummeriert sind (z.B. B4c ist die dritte Antwort der vierten Frage von Gruppe B).
Das Spiel kann beginnen. Die Gruppen tauschen die Fragebögen untereinander aus. Der Protokollführer jeder Gruppe schreibt die vermuteten richtigen Lösungen auf ein vorbereitetes Lösungsblatt, z.B.:

Lösungsblatt Gruppe B
A1a, A2b, A3b, A4a
C1b, C2b, C3d, C4b usw.

Sind die Fragebögen beantwortet, kann die Auswertung beginnen. Der Sprecher jeder Gruppe liest noch einmal die Fragen vor und gibt die Lösung bekannt. Die anderen Mitspieler zählen ihre richtigen Antworten und teilen das Ergebnis mit. Der besten Gruppe überreichen Sie eine Siegerurkunde. Sind zwei Gruppen punktgleich, stellen Sie „Entscheidungsfragen".

Den Anfang finden

5–10 Tafel, Augenbinde, Kreide, Protokoll

„Geh an die Tafel und lasse dir die Augen verbinden. Jetzt zeichne einen großen Kreis mit einem Durchmesser von ca. 40 cm an die Tafel. Versuche, beim Schließen des Kreises den Anfang wieder zu finden."

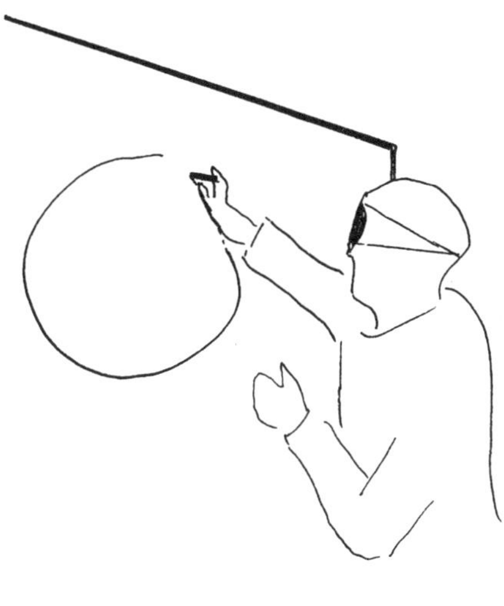

Nur selten wird es einem Schüler gelingen, mit verbundenen Augen Kreisanfang und Kreisende zur Deckung zu bringen. Wer es schafft, erhält zehn Punkte. Jeder cm Abweichung hat einen Punkt Abzug zur Folge.

Tipp: Bei zwei Augenbinden, können zwei Schüler gleichzeitig zeichnen. Evtl. erlaubt es Ihre Zeit, ein Dreieck, ein Sechseck ... zeichnen zu lassen.

Weitere Aufgaben:

1. „Starte bei Punkt A, führe die Linie um Punkt B herum und gehe nach A zurück."

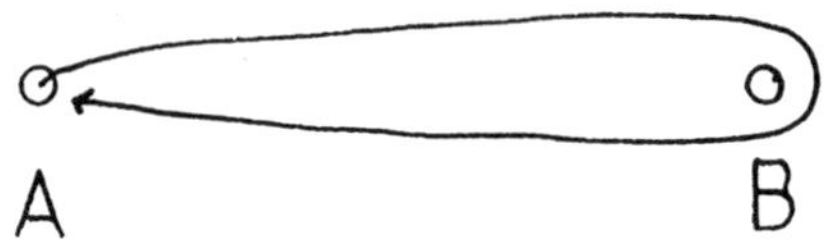

2. „Starte bei A, umrunde B, C und D und gehe nach A zurück."

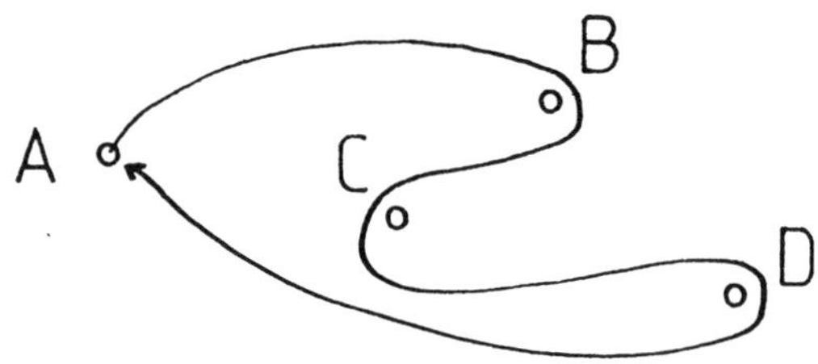

3. „Starte bei A, gehe zickzack durch B, C, D und E und gehe nach A zurück."

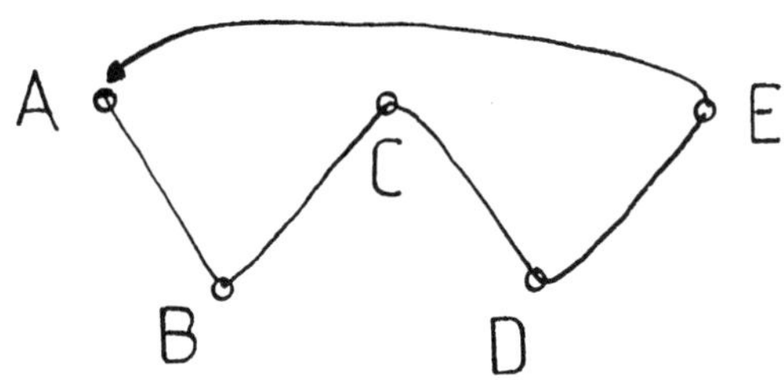

Protokoll

Schüler	Kreis	Quadrat	Sechseck	Aufg. 1	Aufg. 2	Aufg. 3	Punkte

Die Überleitung finden

5–10 Sitzkreis

Vertretungsstunden bieten eine gute Gelegenheit, in spielerischer Form freies Reden zu üben. Achten Sie darauf, dass auch die schüchternen und ängstlichen Schüler zu Worte kommen. Ich stelle Ihnen ein Redespiel vor, das alle zum Mitmachen einlädt, pädagogisch sinnvoll ist und obendrein noch Spaß macht.

Alle Schüler sitzen im Kreis. Einer beginnt mit einer Frage, die leicht zu beantworten ist. Der nächste gibt die Antwort und stellt gleich darauf eine neue Frage, die sich aus der ersten ergibt. Kann jemand eine Frage nicht beantworten, geht das Spiel trotzdem weiter. Er sagt nur: „Das weiß ich nicht, aber ich möchte wissen ..."

A: „Rate mal, bei welcher Firma ich mich um eine Lehrstelle als Kfz-Mechaniker beworben habe."

B: „Bestimmt bei der Firma Hauser. Da will ich mich auch bewerben, aber als Verkäuferin." An **C** gewandt: „Und was willst du nach der Schule machen?"

C: „Das weiß ich noch nicht, ist ja noch lange hin." An **D** gewandt: „Was meinst du, kann man später mit Computerkenntnissen noch Geld verdienen?"

D: „Glaube ich nicht. In ein paar Jahren kann das jeder." An **E** gewandt: „Hast du zu Hause einen eigenen PC?"

E: „Ja, aber damit spiele ich nur." An **F** gewandt: „Und was ist deine liebste Freizeitbeschäftigung?"

F: „Eishockey." An **G** gewandt: „Weißt du wer zur Zeit an der Tabellenspitze der Bundesliga steht?"

So geht das Gespräch immer weiter im Kreis herum. Beispiele für andere Gesprächsanfänge:

- „Wohin wird diesmal unser Klassenlehrer in den Sommerferien fahren?"
- „Warum sieht man immer weniger kleine Kinder auf dem Spielplatz?"
- „Was für ein Auto habt ihr zu Hause?"

Greifen Sie helfend ein, wenn das Redespiel am Anfang stockt. Wichtig ist die erste Frage, die den Anstoß für weitere Fragen geben soll.

Ein Beispiel für ältere Schüler:

A: „Hast du gestern im Fernsehen den Skiunfall von XX gesehen?"

B: „Ja, aber ich finde, dass man so etwas nicht zeigen sollte, besonders nicht mehrere Male hintereinander und dazu noch in Zeitlupe." An **C** gewandt: „Was empfindest du, wenn du im Fernsehen Bilder von Unfällen, Katastrophen, Kriegen siehst?"

C: ...

Gehirnjogging

Auf den ersten Blick erscheinen diese Aufgaben einfach und stupide. Aber sie haben ihren Reiz und schulen ungemein Gedächtnis, Konzentration, Aufmerksamkeit und Reaktionsvermögen.

Aufgabe 1: Zum Warmwerden

6–10 Overheadfolien mit unterschiedlichen Zahlenanordnungen, evtl. Arbeitsblatt, Uhr

Legen Sie eine Folie der abgebildeten Zahlenreihen an. Es sind die Zahlen von 20 bis 60, die willkürlich angeordnet sind. Projizieren Sie das Bild an die Wand und lassen Sie einen Schüler die Zahlen in der richtigen Reihenfolge zeigen. Sollten Sie das Suchspiel wettbewerbsmäßig ausführen, stoppen Sie die Zeit, bis der Schüler alle Zahlen gefunden hat. Dann legen Sie eine neue Folie mit veränderter Zahlenanordnung auf, um dem nächsten das Suchen nicht zu leicht zu machen.

Übrigens: Wie lange brauchen Sie für diese Aufgabe? Weniger als drei Minuten? Dann können Sie bestimmt mit dem Sieger mithalten. Sie können auch die Zahlenreihen auf ein Arbeitsblatt kopieren und jedem Schüler aushändigen. Die Schüler sollen die Zahlen in der richtigen Reihenfolge durchstreichen und selbst die dafür benötigte Zeit stoppen.

28	41	49	25	37	59	30
21	33	20	44	54	22	39
56	35	47	42	23	29	57
31	45	58		51	36	48
32	24	27	60	52	46	34
55	26	38	43	40	50	53

Aufgabe 2: Schon schwieriger

7–10 Overheadfolie, evtl. Arbeitsblatt, Schreibutensilien

	A	B	C	D	E	F	G
1	293	425	881	476	114	229	832
2	147	556	894	567	244	167	969
3	467	577	777	621	395	458	113
4	527	623	959	523	477	119	673
5	643	258	871	671	616	913	787
6	219	325	436	723	798	814	257
7	732	641	852	641	294	395	467
8	283	425	114	359	852	479	322

a) „Schreibe auf, in welchen Feldern eine ungerade Zahl zwischen zwei geraden Zahlen steht."

Lösung: F1, D2, D6, B7, D7, D8, F8

b) „In welchen Feldern stehen die gleichen Zahlen?"

Lösung: E3 und F7, A3 und G7, C7 und E8, B1 und B8, C8 und E1, B7 und D7

c) „In welchen Feldern ist die Anfangsziffer größer als die Summe der beiden folgenden Ziffern?"

Lösung: G1, D3, B4, F5, D6, F6, A7, B7, C7, D7, E8

d) Stelle selbst Aufgaben!

Aufgabe 3: Zahlen suchen

5–10 vorbereitete Folien, Zeigestock, Uhr, Protokoll

Sie zeichnen auf eine Folie ein Quadrat, das Sie in 64 Felder einteilen. In jedes Feld schreiben Sie eine Zahl zwischen 11 und 74 – aber schön durcheinander. Es soll keine Zahl doppelt vorkommen. Sinnvoll ist es, gleich mehrere Folien mit anderen Zahlenverteilungen anzulegen, damit alle Schüler unter den gleichen Bedingungen an dem Spiel teilnehmen können.

25	13	43	58	18	55	35	24
51	62	74	39	59	12	47	31
73	38	19	52	66	48	32	42
68	20	29	11	72	56	16	65
36	67	44	71	26	20	63	49
57	50	28	17	54	53	30	23
15	34	41	46	40	27	14	60
33	61	22	69	64	21	45	37

Sie legen die Folie auf den OH-Projektor und fordern den ersten Schüler auf, die von Ihnen genannten Zahlen ausfindig zu machen und mit dem Zeigestock zu markieren. Nach dreißig Sekunden ist Schluss und ein Protokollführer notiert sich den Namen des Schülers und die Anzahl der gefundenen Zahlen.
Sie legen eine andere Folie mit durcheinander gewürfelten Zahlen auf den Projektor. So können Sie nach und nach alle Schüler auf ihre „Findigkeit“ prüfen und bewerten. Sieger ist, wer die meisten Zahlen gefunden hat. Wenn es die Zeit erlaubt, können Sie mehrere Durchgänge spielen. Der Protokollführer addiert die erreichten Punkte.
Eine andere Variante ist, die Folge von allen durch 3 teilbaren Zahlen zeigen zu lassen und die dafür benötigte Zeitspanne zu stoppen. Etwas schwieriger ist es, die Zahlenfolge rückwärts zu zeigen. Oder alle durch 7 teilbaren Zahlen rückwärts von 74 bis 11 zu markieren. Es gibt viele Variationsmöglichkeiten.

Aufgabe 4: Tiere suchen

5–10 Folie auf OH-Projektor, kopiertes Arbeitsblatt oder evtl. Tafelbild

„In diesem Buchstabenkasten sind elf Tiere versteckt. Einige findest du sehr schnell, denn die Buchstaben stehen in Leserichtung von links nach rechts. Aber einige Tiernamen sind von rechts nach links geschrieben – und das macht die Sache etwas schwieriger.“

A N K E F B I E N E E N K B U P U A F S A

L K L D R O L A U M A G E L A U S P V E U

C D R E F P E T N E M L E O T T E Z K L E

T H H U K I L R R E I T G H U M O L C H Z

R Q R T E G I G E L R A T S P F A E T T U

M I T G I R A F G I P U M I R E G I T Z A

K N S U A M E I T K L E I M E I S E G I P

Lösung: Biene, Laus, Pferd, Ente, Kuh, Star, Igel, Maus, Tiger, Meise und Molch

A N K E F ***B I E N E*** E N K B U P U A F S A

L K L D R O L A U M A G E ***L A U S*** P V E U

C ***D R E F P E T N E*** M L E O T T E Z K L E

T H ***H U K*** I L R R E I T G H U ***M O L C H*** Z

R Q R T E G ***I G E L R A T S*** P F A E T T U

M I T G I R A F G I P U M I ***R E G I T*** Z A

K N ***S U A M*** E I T K L E I ***M E I S E*** G I P

Tipp: Ein Arbeitsblatt sollte hier bevorzugt eingesetzt werden. Die Aufmerksamkeit am Spielverlauf ist sicherlich größer, wenn alle Schüler nach ihrem Vermögen an dem Spiel teilnehmen können.

Eine kleine Steigerung für leistungsstarke Schüler?

„Es sind elf Tiere zu finden, die im Buchstabenkasten versteckt sind. Aber diesmal nicht nur waagerecht von links nach rechts und rechts nach links, sondern auch senkrecht von oben nach unten und unten nach oben.“

S K E I D E R I L P O K A M E L U

P N L R E T T O P U U L T A U V A

I I L F U G P A M S P E C H T F F

N F A A E S I E M A T A K L I P P

N O U R E T A K O I D U L N H U H

E S Q O K A N A L R O T K E L C H

Lösung: Kamel, Otter, Ameise, Qualle, Specht, Huhn, Kater, Spinne, Elch, Pfau und Fink

S K E I D E R I L P O ***K A M E L U***

P N L R E T T O P U U L T A U V ***A***

I I L F U G P A M ***S P E C H T*** F ***F***

N F A A ***E S I E M A*** T A K L I P ***P***

N O ***U R E T A K*** O I D U L ***N H U H***

E S ***Q*** O K A N A L R O T K ***E L C H***

Aufgabe 5: Gedächtnisübung

7–10 Tafelbild, evtl. Folie, Klapptafel

Schreiben Sie einen Informationstext an die Tafel (oder legen Sie eine Folie auf). Die Schüler prägen sich den Inhalt ein und nach ca. einer Minute klappen Sie die Tafel zu oder entfernen die Folie. Nach einer kleinen Pause sollen die Schüler aus dem Gedächtnis die Information aufschreiben.

Herr Meier
Lufthansa Frankfurt/Main – New York
16. 11. 02
Leihwagen 400 Dollar
Rundreise

Industriemesse Hannover
Firma ELCO
Stand 16 in Halle 4
Personalchef
Vorstellungsgespräch

Autohaus VW-Riegel
Ersatzteillager
rechter Kotflügel
Eurocard
Rechnung

Je nach Leistungsstand der Klasse variieren Sie den Schwierigkeitsgrad der Information. Eine Steigerung der Gedächtnisleistung können Sie noch erreichen, wenn die Schüler in den kurzen Pausen vor dem Niederschrieb eine ablenkende Tätigkeit ausführen müssen, z.B. rückwärts alle geraden Zahlen von 30 bis 1 aufschreiben oder halblaut in Dreierschritten von 30 bis 0 rückwärts zählen.

Aufgabe 6: ABC-Memory

6–10 Schreibutensilien, Folie

Stufe 1

Die Schüler schreiben in alphabetischer Reihenfolge 26 *einfache* Hauptwörter auf einen Zettel, unterschreiben mit ihrem Namen und geben den Zettel ab. Sie wissen, dass sie nach einer kurzen Zeit (ca. fünf Minuten) die Wörter mündlich wiederholen müssen. Ute schreibt:

Affe Ball Chips Dach Esel Flasche Garten Haus Igel Jäger Kamel Lasso Mond Nagel Oma Pfennig Quark Rose Sonne Torte Ufo Vase Welle Xylophon Yacht Zelt

„Ute, wiederhole deine 26 Wörter."
„Ingo, welches Wort beginnt bei dir mit S?"
...

Stufe 2

Sie projizieren 26 Wörter (alphabetisch geordnet) an die Wand und lassen den Schülern ca. zwei Minuten Zeit, sich diese Begriffe einzuprägen. Eine Merkhilfe ist es, einen einfachen, kurzen Satz mit dem jeweiligen Begriff zu bilden, z.B. „Das Dach ist rot". Vielleicht genügt es auch, wenn sich die Schüler zu dem betreffenden Begriff ein Bild vorstellen. Dann nehmen Sie die Folie weg und nach einer kleinen Pause schreiben die Schüler die Wörter auf.

Stufe 3

Etwas schwieriger ist es, wenn Sie *nicht nur gegenständliche Begriffe* wählen und die Wörter *nicht in alphabetischer Reihenfolge* platzieren. Aber mit ein wenig Übung geht das auch und wenn Sie das Spiel öfter ausführen, werden Sie einen deutlichen Lernzuwachs bei den Schülern feststellen.

Dame Eisen Hund Butter Zettel Gitarre Cola Ingwer Unwetter Kälte Mantel Jammer Nordpol Vogel Pille Abend Qual Xenon Ring Tag Saal Fisch Weber Ypsilon Lunte Opfer

Stufe 4

Schreiben Sie zehn Hauptwörter mit mittlerem Schwierigkeitsgrad an die Tafel: Zahnarzt, Mütze, Beispiel, Tränen, Regenbogen, Polizist, Taschentuch, Schlüssel, Teppich, Petersilie.
Wie können sich die Schüler diese durcheinander gewürfelten Wörter merken? Eine beliebte Methode ist es, sich einen Tagesablauf vorzustellen und in die einzelnen Tätigkeiten das entsprechende Wort einzubauen. Auch wenn dabei scheinbar sinnlose Sätze entstehen – die Merkfähigkeit verbessert sich auf erstaunliche Weise.

Schon beim Aufwachen denke ich an den Zahnarzt und mir kommen die Tränen. Schnell noch eine Mütze übergezogen, ein sauberes Taschentuch eingesteckt und ich verlasse das Haus. Habe ich auch die Schlüssel nicht vergessen? An der Ampel gebe ich ein gutes Beispiel und warte auf Grün. Ein Polizist ist ohnehin in der Nähe. Die Sonne scheint, aber gleichzeitig regnet es und am Himmel leuchtet ein Regenbogen. Wenn ich wieder zu Hause bin, lege ich mich auf den Teppich. Hoffentlich gibt es zum Mittag nicht wieder Petersiliensuppe.

„Schreibe nun die 10 Wörter auf, die du dir merken solltest.“

Zäune ziehen

7–10 Folie, Klarsichthülle, farbige, wasserlösliche Folienstifte, OHP

Ich habe ein weit verbreitetes Computerspiel so aufbereitet, dass Sie damit eine Vertretungsstunde sinnvoll gestalten können. Etwas Vorbereitung ist allerdings notwendig; aber dann ist Ihnen eine unterhaltsame, spannende und gleichzeitig lehrreiche Stunde sicher. Bei welchen anderen Gelegenheiten können Sie sonst das analytische Kombinieren schulen – außer vielleicht bei einigen „Sternstunden“ im Mathematikunterricht?

Vergrößern Sie das Spielfeld (siehe Abbildung) auf DIN-A5-Größe, kopieren es auf eine Overheadfolie und legen diese in eine Klarsichthülle. Zwei wasserlösliche Folienstifte und einen Overheadprojektor – mehr brauchen Sie nicht und das Spiel kann beginnen. Erst spielen zwei Schüler gegeneinander: „Kreis“ gegen „Karo“.

Kreis beginnt und verbindet an beliebiger Stelle (z.B. von G 4 nach G 6) zwei benachbarte Kreise miteinander. Diagonale Verbindungen sind nicht erlaubt. Dann ist Karo an der Reihe und verbindet ebenfalls an beliebiger Stelle (z.B. B 5 nach D 5) zwei benachbarte Karos. Dann ist wieder Kreis an der Reihe usw. Jeder versucht, seine Grundlinie durch einen Zaun mit seiner Ziellinie zu verbinden. Und gleichzeitig ist man bemüht, dem Mitspieler seinen Weg zu verbauen. Sieger ist, wer zuerst mit einem kompletten Zaun die Ziellinie erreicht hat. Es dürfen sich keine Linien kreuzen oder doppelt gezogen werden.

Dann darf die ganze Klasse mitspielen, z.B. Mädchen gegen Jungen oder die linke gegen die rechte Bankreihe. Die Koordinaten am Spielfeldrand dienen als Orientierungshilfe.

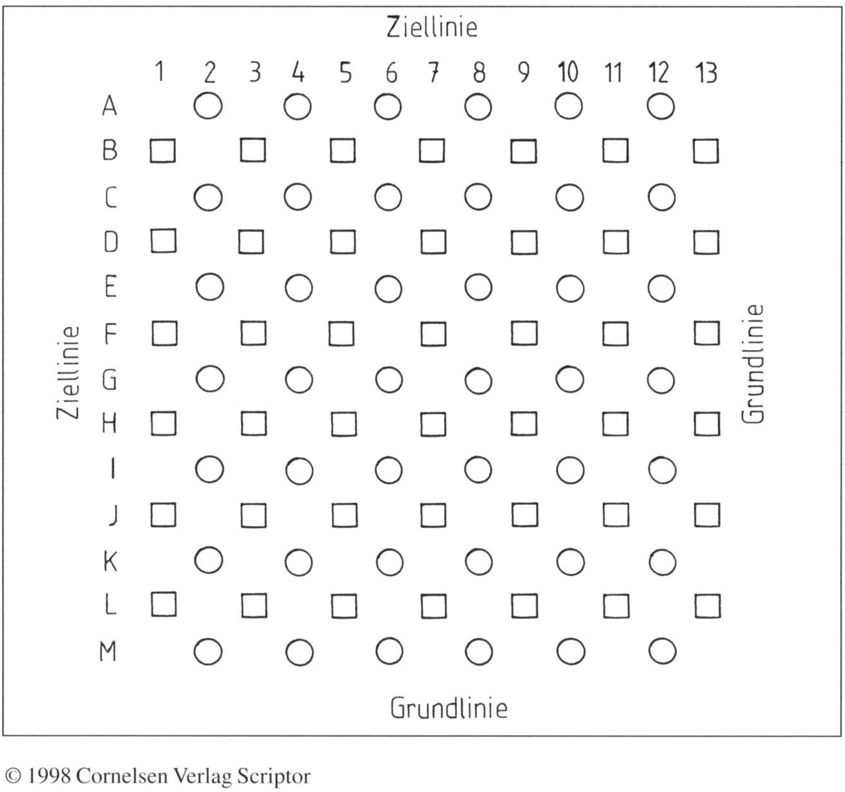

„Kreis von K 4 nach I 4.“
„Karo von D 7 nach F 7.“
Zwei Schüler stehen am Overheadprojektor und ziehen auf Anweisung die Striche.

Ruhig geht es in dieser Vertretungsstunde allerdings nicht zu, denn die möglichen Strategien müssen durchdiskutiert werden. Aber wer sagt denn, dass zum Lernen unbedingt Ruhe erforderlich ist?

Zickzack an der Tafel

5–10 Tafelbild, Schreibpapier, Bleistift, Merkzettel

Skizzieren Sie diese Zickzack-Figuren auf einen kleinen Zettel. Eine Figur zeichnen Sie ganz langsam an die Tafel. Haben Sie den zweiten Strich gezeichnet, wischt ein Schüler mit einem trockenen Lappen den ersten weg; beim dritten Strich wird der zweite gelöscht usw., bis nichts mehr von der Figur zu sehen ist.

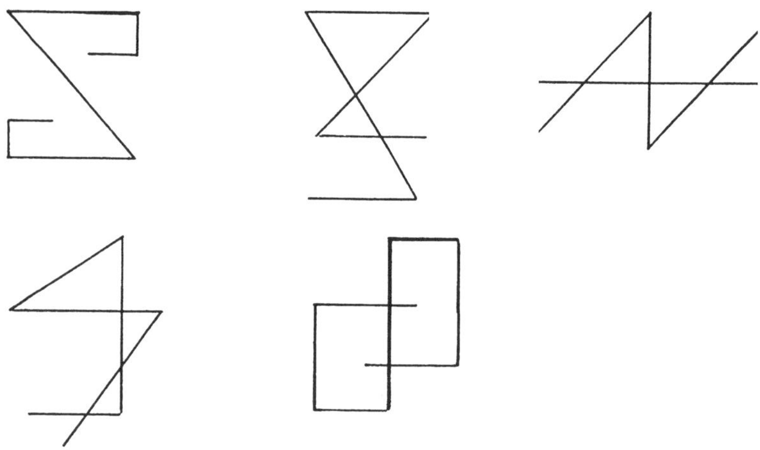

Jetzt fordern Sie die Schüler auf, aus dem Gedächtnis die Figur nachzuzeichnen. Später vergleichen Sie die Zeichnungen mit der Figur auf Ihrem Zettel und verteilen Punkte.

Figuren merken

5–10 ***Tafelbild oder Overheadfolie, Schreibutensilien, Merkzettel***

Sie zeichnen eine der abgebildeten Figuren an die Tafel (oder Sie legen eine entsprechende Folie auf den OH-Projektor). Die Schüler schauen sich die Figur 15 Sekunden lang genau an. Dann klappen Sie die Tafel zu (oder decken die Figur ab) und die Schüler beginnen gleichzeitig mit dem Bleistift zu zeichnen. Nach einer halben Minute legen alle den Stift hin und Sie zeigen wieder das Tafelbild. Dann gehen Sie herum und verteilen Punkte.

Zauberei auf dem OH-Projektor: Eine Linie verschwindet

7–10 ***vorbereitete Folie, OH-Projektor, Schere***

Ein paar kleine Zaubertricks sollten Sie parat haben, um den Unterricht aufzulockern. Ich zeige Ihnen, wie Sie eine Linie verschwinden lassen können. Die Vorbereitung ist denkbar einfach und die überraschende Erklärung ebenfalls. Sie brauchen einen OH-Projektor, Folie, Folienstift, Schere und ein Lineal.

Sie legen eine Folie (Bild 1) auf und lassen die senkrechten Linien zählen. Keine Frage: Es sind zehn Linien. Jetzt nehmen Sie eine Schere und schneiden die Folie von links unten nach rechts oben in zwei Teile. Achten Sie darauf, dass der Schnitt gerade verläuft (Bild 2). Legen Sie beide Teile wieder an die alte Stelle und lassen zur Kontrolle noch einmal die Linien zählen. Es bleiben zehn.

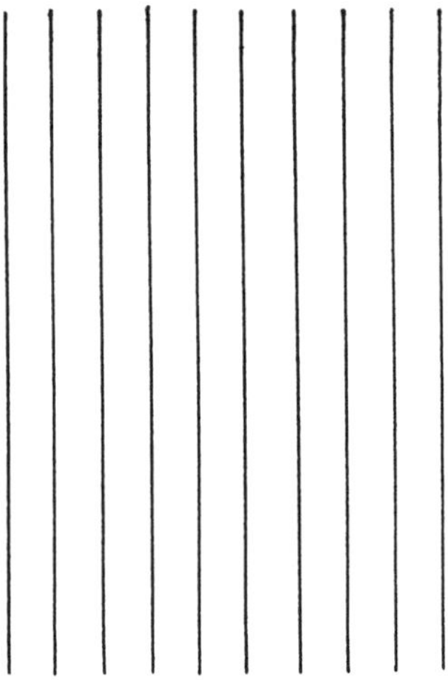

Bild 1

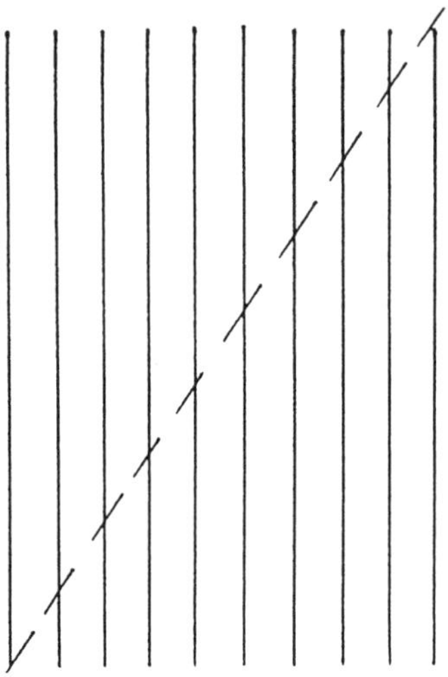

Bild 2

Jetzt verschieben Sie das untere Teil entlang der schrägen Schnittkante um einen Strichabstand nach links und bringen die senkrechten Linien wieder zur Deckung. Sie lassen die Linien zählen und zur allgemeinen Überraschung sind es nur noch neun! Welche Linie ist verschwunden? Wohin ist sie verschwunden? Was geht hier vor? Schieben Sie das untere Teil wieder in die alte Lage zurück, taucht die verschwundene Linie wieder auf.

Die Erklärung ist ganz einfach:
Beim Schneiden haben Sie acht der zehn Linien in zwei Teilstücke zerlegt. Diese sechzehn Teilstücke haben Sie dann zu neun Linien zusammengesetzt, von denen jede ein wenig länger ist als zuvor. Dieser Zuwachs an Länge ist gering und die Schüler bemerken ihn nicht sofort. Tatsächlich entspricht die Summe der kleinen Zuwächse genau der Länge einer ursprünglichen Linie.
Damit der schräge Schnitt auch genau gerade verläuft, ziehen Sie mit einem wasserlöslichen Folienstift auf der Folienrückseite einen dünnen Strich von links unten nach rechts oben. Nach dem Zerschneiden wischen Sie den Strich wieder weg, sodass er beim Zusammenlegen nicht stört.

Berufe raten einmal anders

6–8 Protokoll

Die eine Hälfte der Klasse verlässt für etwa 5 Minuten den Klassenraum. Ein zuverlässiger Schüler begleitet sie und achtet darauf, dass niemand an der Tür lauscht. Die in der Klasse verbliebenen Schüler suchen sich nun – jeder für sich – einen Beruf aus, der allerdings nur mimisch dargestellt werden soll. Ingo: „Ich spiele einen Bäcker." Ilona: „Ich spiele eine Friseurin." Gerd: „Ich bin ein Gärtner." Jan: „Ich bin ein Lehrer." usw.
Der erste Schüler wird hereingerufen. Er muss nun von drei Schülern, die er sich aussucht, den mimisch dargestellten Beruf erraten (wenn es die Zeit erlaubt, können es auch mehr als drei sein). Jeder in einer bestimmten Zeit richtig erratene Beruf gibt einen Punkt. Ein Schüler notiert an der Tafel die Namen und die erreichten Punkte. Der nächste Schüler wird hereingerufen und das Spiel beginnt von neuem.
Dann wechseln die Gruppen. Jetzt werden nach den gleichen Regeln Sportarten vorgeführt und erraten. Leicht zu erratende Sportarten sind Tischtennis, Kugelstoßen, Kegeln, Radfahren, Schwimmen, Reiten, Fechten, Golf, Boxen. Schwieriger wird es mit Badminton, Schach, Surfen, Judo und Skispringen.

Bilder-Puzzle

5–10 Folien, Protokoll

Sie wissen doch, dass man mit geeigneten Klarsichtfolien auf dem Kopierer Folien anfertigen kann? Leider sind die entsprechenden Kopierfolien relativ teuer (ca. 50 Cent pro Stück), aber dafür beliebig oft einsetzbar. Und Sie können mit dem Folienstift jede beliebige Änderung vornehmen oder auch einzelne Teile farbig gestalten.

Kopieren Sie verschiedene Gegenstände, z.B. ein Pferd, Auto, Telefonzelle, Kochtopf, Rasenmäher, Staubsauger, Briefmarke usw. Ihrer Fantasie sind keine Grenzen gesetzt. Am besten eignen sich Bilder aus Werbeprospekten oder Versandhauskatalogen. Fertigen Sie jeweils zwei Kopien von jedem Gegenstand an und bewahren Sie die Kopien in vorher gekennzeichneten Klarsichthüllen auf.

Ein Gegenstand wird nun kunstvoll zerschnippelt. Die einzelnen Schnipsel legen Sie nun nach und nach auf den OH-Projektor. Die Kopie dient Ihnen als Vorlage, damit auch das richtige Bild entsteht. Die Schüler sollen nun möglichst früh

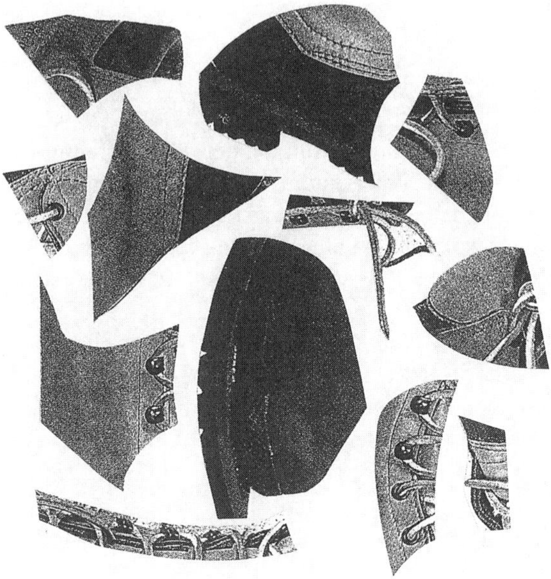

erraten, um welchen Gegenstand es sich handelt. Für jeden fehlgeschlagenen Rateversuch gibt es Punktabzug. Wer zuerst das richtige Wort nennt, hat die Höchstpunktzahl minus seiner Punktabzüge.
Haben Sie den Gegenstand erkannt? Er ist auf Seite 53 abgebildet.

Who is Who?

7–10 Arbeitsblatt, Schreibutensilien, Zettel, Protokoll

Sie verteilen dieses Arbeitsblatt, das Sie in der Anzahl der Schüler durchnummeriert haben.

Nummer: z.B. 5	Name:
Mein Hobby:	
Was ich am liebsten esse:	
Mein Berufswunsch:	
Meine Lieblingsfarbe:	
Dieses Auto gefällt mir am besten:	
Wohin ich gern verreisen würde:	
Meine Lieblingsgruppe:	
Mein liebstes Unterrichtsfach:	
Eine Sportart, die mir überhaupt nicht gefällt:	

Die Schüler schreiben ihren Namen auf das Arbeitsblatt und beantworten die Fragen. Sie achten darauf, dass der (oder die) Nachbar(n) nicht sehen, was sie schreiben. Dann sammeln Sie die Blätter ein und lesen die Antworten vor, z.B.: „Nummer 5 hat als Hobby Fußball aufgeschrieben, Berufswunsch: Arzt.“ usw. Die anderen Schüler raten nun, um welchen Schüler es sich handelt und schreiben auf einen Zettel hinter die Nummer den vermeintlichen Namen. Nachdem Sie alle Arbeitsblätter vorgelesen haben, beginnt die Auswertung. Für jeden richtig geratenen Namen gibt es einen Punkt.

Wo liegt Bielefeld?

7–10 Bunte Kreide, kleine Karten mit Städtenamen

Sicher hat der Schulhof ihrer Schule einen Asphaltboden. Dann können Sie mit Kreide die Umrisse der Bundesrepublik Deutschland auf den Boden zeichnen. Mit blauer Kreide zeichnen Sie auch den Verlauf der drei großen Flüsse Rhein, Donau und Elbe ein.
Jedem Schüler geben Sie ein Kärtchen in die Hand, auf dem der Name einer deutschen Stadt steht. Nun sollen sich die Schüler innerhalb der Umrisslinien ihren richtigen Platz suchen. Natürlich dürfen sich die Schüler gegenseitig helfen und vielleicht erlauben Sie auch, dass ein Atlas benutzt wird.
Auch die Umrisse Europas eignen sich für dieses Lernspiel. Den Schülern wird je eine europäische Hauptstadt zugewiesen und sie suchen sich wieder ihren richtigen Platz.

Teamarbeit

7–10 Zollstock, Waage, Eimer, Litergefäß, Protokoll

Im ersten Band „Fundgrube für Vertretungsstunden“ habe ich ein Spiel vorgestellt, bei dem die Schüler Längen, Flächen, Massen (Gewichte), Rauminhalte und Zeiten schätzen sollten. Auf diesem Spiel aufbauend zeigen Sie, warum das Arbeiten in der Gruppe meist erfolgreicher ist als die Einzelarbeit.

„Wie viel Zentimeter breit ist die Tafel?“

Jeder Schüler gibt seinen Schätzwert bekannt. 250 cm, 300 cm, 280 cm, 305 cm usw. Sie notieren alle Schätzwerte, bilden die Summe und teilen durch die Anzahl der Schüler. Dieser Mittelwert ist meist genauer als jede Einzelschätzung.

„Wie viel Kilogramm wiegt dieser mit Wasser gefüllte Eimer?"
Sie haben natürlich den Eimer schon vorher gewogen und kennen den genauen Wert. Wieder lassen Sie alle schätzen und einer rechnet dann den Mittelwert aus.

Weiter geht es nun mit dem Schätzen von Flächen: „Wie viel Quadratmeter Flächeninhalt hat dieser Flur?"
Mit Rauminhalten: „Wie viel Liter Wasser kann diese Regentonne aufnehmen?"
Mit Zeiten: Sie geben das Startzeichen und nach einer bestimmten Zeit, die nur Sie kennen, das Stoppzeichen. „Wie viel Sekunden sind vergangen?"

Durchschnittlich

8–10 Schreibutensilien, Bandmaß, Personenwaage

Sehr gut in Gruppenarbeit lässt sich auch das folgende Lernspiel ausführen. Die erste Gruppe erhält den Auftrag, das Durchschnittsalter aller Schüler der Klasse zu bestimmen. Dann ermitteln sie das Durchschnittsalter getrennt nach Mädchen und Jungen. Der Protokollführer schreibt von allen Schülern Namen und Geburtstag auf. Die Gruppe errechnet dann das Lebensalter in Monaten, addiert alle Monate und teilt durch die Schüleranzahl.
Die zweite Gruppe hat den Auftrag, die durchschnittliche Körpergröße aller Schüler zu ermitteln. Wenn Sie ein Bandmaß aus Ihrer Materialsammlung zur Verfügung stellen, kann auch noch die Körpergröße von den Schülern gemessen werden, die keine genauen Angaben machen können. Auch hier wird wieder nach Jungen und Mädchen differenziert.
Gruppe drei bestimmt das durchschnittliche Körpergewicht (Personenwaage mitbringen!), Gruppe vier die durchschnittliche Schuhgröße. Vielleicht lassen Sie eine fünfte Gruppe das durchschnittliche Lebensalter der Mütter und Väter berechnen – aber Vorsicht! Wenn es Probleme geben sollte, verzichten Sie lieber auf diesen Teil.
Nach Beendigung der Rechenarbeit tragen die Gruppensprecher die Ergebnisse vor. Die anschließende Diskussion beendet diese unterhaltsame und lehrreiche Vertretungsstunde.

Signalsprache

8–10 Arbeitsblätter, kleine Wimpel, Folien

Warum nicht auch einmal von den Seeleuten etwas in den Unterricht übernehmen? Nicht nur für Jungen ist es faszinierend, die Winkersignale zu lernen und zu beherrschen – auch viele Mädchen können daran Gefallen finden, über große Entfernungen Nachrichten auszutauschen. Und obendrein schult es ungemein das Gedächtnis und das visuelle Vorstellungsvermögen.
Aus einem Autohaus oder einem großen Möbelhaus besorgen Sie sich bunte Fähnchen. Jeder Schüler bekommt zwei Wimpel und zwei Arbeitsblätter mit den Signalzeichen. Sie erläutern: „Auf dem einen Arbeitsblatt sind die Signalstellungen spiegelbildlich dargestellt (Bild 1), also steht der ‚Matrose' mit dem Rücken zu dir. So lassen sich die einzelnen Buchstaben leichter einprägen. Auf dem zweiten Arbeitsblatt steht der Matrose mit dem Gesicht zu dir, so wie du ihn auch in Wirklichkeit siehst (Bild 2)."

Rückenansicht des Signal-Alphabets (Bild 1)

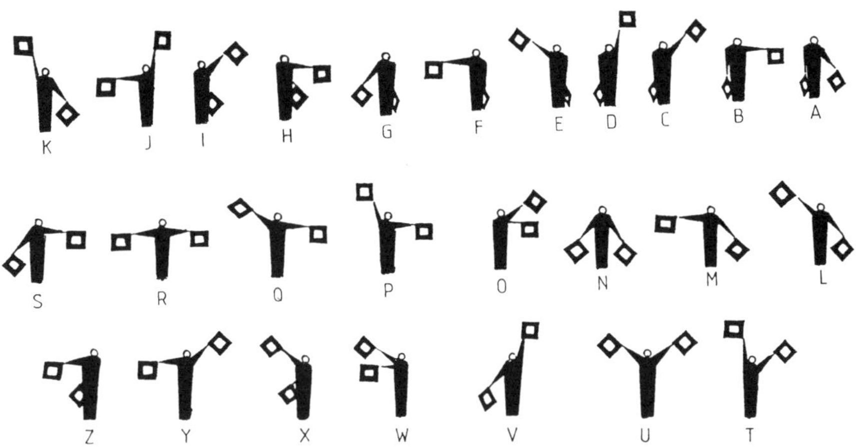

Sie selbst haben entsprechende Folien hergestellt und zeigen auf dem OH-Projektor das Signalalphabet, zuerst in der Rückenansicht (Bild 1). Sie stehen mit dem Rücken zur Klasse, in jeder Hand einen Wimpel und beginnen die Übung. Alle machen mit:

A Linker Arm unten, rechter Arm in Halbacht-Stellung
B Linker Arm unten, rechter Arm in Neunuhr-Stellung
C Linker Arm unten, rechter Arm in Halbelf-Stellung usw.

Sie signalisieren einfache Wörter: Amen, SOS, Sonne usw. Dann stellen Sie sich mit dem Gesicht zur Klasse und gehen das Alphabet noch einmal durch. Wieder üben Sie einfache Wörter: Abend, Mittag, Wind ...

Dann schalten Sie den OH-Projektor aus und die Schüler müssen anhand ihres Arbeitsblattes die signalisierten Wörter lesen. Jetzt darf jeder einmal nach vorn und ein Wort „schreiben". Sie können sicher sein: Zu Hause üben viele Schüler das Signalalphabet.

Vorderansicht des Signal-Alphabets (Bild 2)

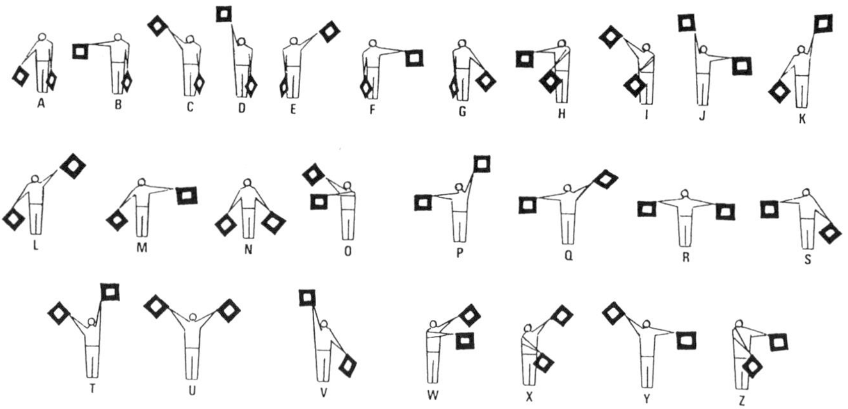

Bahnschranke

5–10 Sitzkreis

Dieses Bandwurmspiel macht nicht nur den Kleinen Spaß. Auch Erwachsene werden hier begeistert mitspielen. Worum geht es? Ganz einfach: Alle spielen und erleben eine alltägliche Situation an einem Bahnübergang.
Sie erläutern das Spiel. Die Schüler sitzen im Kreis und ahmen die Bewegungen und Geräusche nach, die Sie vormachen:
Alle halten die beiden Zeigefinger gestreckt nach oben. Die beiden Zeigefinger sollen eine geöffnete Bahnschranke darstellen. Jetzt schließt sich die Schranke. Die Zeigefinger gehen langsam nach unten und bewegen sich aufeinander zu. Dabei rufen alle Schüler „kling, kling, kling, kling ...".

Ein Auto kommt schnell angefahren und bremst vor der geschlossenen Schranke. Alle Schüler ahmen das Geräusch einer Bremse nach: „Iiiiiitsch."

Ein Zug nähert sich von links. Alle schauen nach links und verfolgen mit einer Kopfdrehung, wie der Zug vorbeifährt. Ein lautes „tsch, tsch, tsch ..." begleitet ihn.

Die Schranke geht und geht nicht hoch. Der Autofahrer drückt nervös auf die Hupe. Alle machen „tüt, tüt, tüt".

Dann endlich öffnet sich die Schranke wieder: „Kling, kling, kling ..." und die Zeigefinger gehen wieder in die Höhe. Sind die Schranken wieder offen, setzt der eilige Fahrer sein Auto wieder in Bewegung: „brum, brum, brum ..."

Alle haben das Spiel verstanden und es kann iosgehen. Der Erste fängt an und schließt seine Schranken. Wenn der Zug vorbei ist und die Schranken wieder hochgehen, setzt der Nebenmann ein und schließt seine Schranken. So geht das Spiel im Kreis herum und die Lokomotive fährt und fährt und die Autofahrer bremsen und hupen.

Dinosaurier, Schlauchboot, Riesenrad

5–10 Schlüsselbund, Buch, Portmonee

Alle sitzen im Kreis, Lehrer und Schüler. Sie geben Ihrem rechten Nachbarn ein Schlüsselbund in die Hand und sagen: „Das ist ein Dinosaurier." Der Schüler fragt zurück: „Was soll das sein?" Sie antworten: „Das ist ein Dinosaurier." Nach diesem kurzen Gespräch reicht der Schüler das Schlüsselbund an seinen rechten Nachbarn weiter mit den gleichen Worten: „Das ist ein Dinosaurier." Der Dialog setzt sich fort: „Was soll das sein?" Und so geht es reihum. Aber jetzt wird es etwas schwieriger.
Sie geben Ihrem linken Nachbarn ein kleines Buch und sagen: „Das ist ein Schlauchboot." Der wiederum fragt. „Was soll das sein?" „Das ist ein Schlauchboot." Schon bald treffen sich Dinosaurier und Schlauchboot irgendwo in der Mitte der Reihe. Und jetzt müssen die Schüler schon gehörig aufpassen, nichts zu verwechseln. Sie schicken nun den nächsten Gegenstand auf die Reise: Ihr (leeres) Portmonee: „Dies ist ein Riesenrad." – „Was soll das sein?"
Meist endet das Spiel mit einem großen Gelächter.

Ente gut, alles gut

5–10 Sitzkreis

Die Schüler sitzen im Kreis. Der erste beginnt und sagt: „Eine Ente.“ Der Nachbar fährt fort. „Zwei Beine.“ Der dritte Schüler: „Springt ins Wasser.“ Der vierte fügt hinzu: „Plumps.“
Weiter geht es beim fünften Schüler: „Zwei Enten.“ Da zwei Enten vier Beine haben, sagt der nächste in der Reihe: „Vier Beine.“ Weiter geht es: „Springen ins Wasser.“ Es folgen zwei Schüler mit „Plumps“, da zwei Enten ins Wasser springen.
Die Zahl der Enten steigt immer weiter an und damit auch die Schwierigkeit, die Übersicht zu behalten. Bei acht Enten müssen zum Beispiel acht Schüler „Plumps“ sagen. Macht einer einen Fehler, beginnt das Spiel von vorn mit: „Eine Ente.“

Geheimcode entschlüsseln

7–10 Tafelbild, Schreibutensilien

Zwei Vokale sind vertauscht. Wenn man statt des O ein I setzt (und umgekehrt) und statt des A ein U (und umgekehrt), wird aus Thomas ein Thimus. Sie schreiben einen Text an die Tafel, bei dem einzelne Wörter vertauschte Vokale haben. Wer findet die vertauschten Vokale als Erster? Und wer liest den Satz entschlüsselt vor?

Dir Biomti wor en Libinsgifohr, ols ir en din giporktin Wogin schouti.

Lösung: Aus E wird I und aus I wird E, aus A wird O und aus O wird A.
Der Beamte war in Lebensgefahr, als er in den geparkten Wagen schaute.

Dieser Geheimcode war noch relativ einfach zu entschlüsseln, aber wer schafft es, im nächsten Satz die vertauschten Buchstaben zu finden? Eine kleine Hilfe: Zwei Vokale sind mit Konsonanten vertauscht.

Vinrmsl vnrauchtn Pntnr, aniene Selsuf zu vnrbnaanre, dsee gsb nr rnaigeinrt suf.

Lösung: Statt E setze N, statt N setze E. Und aus A wird S und aus S wird A.
Viermal versuchte Peter, seinen Anlauf zu verbessern, dann gab er resigniert auf.

Fordern Sie die Schüler auf, eine Nachricht zu schreiben und selbst einen Geheimcode zu entwickeln. Es dürfen aber maximal nur zwei Buchstaben vertauscht werden. Dann tauschen die Schüler untereinander die Nachrichten aus und versuchen, den Code zu knacken.

Wettlauf mit sieben Buchstaben

9–10 Schreibutensilien, Lineal, Arbeitsblatt, Protokoll

Jeder Schüler A, B, C, ... notiert sich ein Hauptwort oder Eigenschaftswort mit sieben Buchstaben, z.B.:

A: FREITAG	B: NORDSEE	C: BAUZAUN	D: TAUSEND
E: PFLANZE	F: TROPFEN	G: SCHLANK	

Schüler A beginnt. Er muss aus seinem notierten Wort einen Buchstaben und den Platz des Buchstabens nennen. Die mitspielenden Schüler müssen dann verraten, ob in ihrem Wort der genannte Buchstabe ebenfalls vorkommt und an welcher Position. Wenn der Buchstabe sogar an der richtigen Position steht, müssen sie auch dieses bekannt geben.
Schüler A beginnt den ersten Durchgang mit: „E steht an dritter Stelle."
B antwortet: „E kommt bei mir an 6. und 7. Stelle vor."
C teilt mit: „Kein E enthalten."
D: „Bei meinem Wort steht ein E an 5. Stelle."

Wenn alle mitspielenden Schüler durch sind, ist im zweiten Durchgang B an der Reihe und gibt aus seinem Wort einen Buchstaben preis, der *noch nicht* abgefragt wurde.
B: „Bei mir steht an 5. Stelle ein S."
Jetzt ist Schüler C an der Reihe: „Kein S in meinem Wort."
C ist mutig und wagt den ersten Versuch: „B hat das Wort Waldsee aufgeschrieben." Dieser Fehlversuch kostet dem Schüler C 5 Minuspunkte.
D ist an der Reihe: „Bei mir steht an 4. Stelle ein S. Und das Wort von B ist Nordsee." Schüler B scheidet vom weiteren Spiel aus, D bekommt für den richtigen Rateversuch 20 Pluspunkte. Es geht weiter mit den Schülern E, F, G, A und C.

Mein Tipp: Jeder Schüler legt eine Tabelle nach folgendem Muster an (Tafelbild, evtl. Arbeitsblatt):

	1	2	3	4	5	6	7	kein
A								
B								
C								
D								
E								
F								
G								

Nach der zweiten Runde sieht die Tabelle von Schüler A vielleicht so aus:

	1	2	3	4	5	6	7	kein
A	F	R	~~E~~	I	T	A	G	
B					S	E	E	
C								S, E
D				S	E			
E							E	S
F						E		
G								S, E

In seiner eigenen Zeile streicht Schüler A die mitgeteilten Buchstaben durch.

Weitere Tipps zum erfolgreichen Spielen: Man hüte sich, Wörter mit doppelten Buchstaben zu wählen. Wie schnell hat in unserem Beispiel Schüler B mit „Nordsee" verloren. Aber auch Wörter mit sch führen schnell auf die richtige Spur. Und bitte nicht die Umlaute ä, ö und ü und Wörter in der Mehrzahl verwenden.

Intelligenztest mit vier Buchstaben

7–10 Schreibutensilien, Alphabet-Liste

Sie schreiben ein Wort mit vier Buchstaben auf einen Zettel, z.B. „Lack“. Dieses Wort sollen die Schüler möglichst schnell finden und beim Suchen gewisse Regeln beachten.
Nur wer geschickt kombiniert und über ein gewisses Wortempfinden verfügt, kann Punkte gewinnen.

Erste Schülerfrage: „Bier?“
„Falsch geraten. Die Buchstaben b, i, e, r kommen in dem gesuchten Wort nicht vor.“
Die Schüler streichen diese Buchstaben aus einer Alphabet-Liste, die sie auf einem Zettel vorbereitet haben.

a ~~b~~ c d ~~e~~ f g h ~~i~~ j k l m n o p q ~~r~~ s t u v w x y z

Die abgestrichenen Buchstaben dürfen beim nächsten Frageversuch nicht mehr verwendet werden.

Zweite Frage: „Maus?“
„Gut. Das A steht sogar an der richtigen Stelle.“ Sie ergänzen das vorbereitete Tafelbild.

An der richtigen Stelle				Sind auch enthalten
	a			

Die Buchstaben m, u und s scheiden aus.

a ~~b~~ c d ~~e~~ f g h ~~i~~ j k l ~~m~~ n o p q ~~r~~ ~~s~~ t ~~u~~ v w x y z

Die Schüler haben bisher diese Buchstaben abgestrichen: b, i, e, r, m, u und s. Beim nächsten Rateversuch ist zu beachten, dass diese Buchstaben nicht mehr vorkommen dürfen und an zweiter Stelle des gesuchten Begriffs ein A stehen muss.

Dritte Frage: „Kahn?“
„Gut. Das K ist in dem gesuchten Wort enthalten, aber es steht nicht an der richtigen Stelle.“ Sie ergänzen das Tafelbild.

An der richtigen Stelle				Sind auch enthalten
	a			k

h und n kommen mit auf die Streichliste.

a ~~b~~ c d ~~e~~ f g ~~h~~ i j k l ~~m~~ ~~n~~ o p q ~~r~~ ~~s~~ t ~~u~~ v w x y z

Vierte Frage: „Pack?“
„a, c und k stehen an der richtigen Stelle. Aber es ist noch nicht das gesuchte Wort.“

An der richtigen Stelle				Sind auch enthalten
	a	c	k	

Jetzt muss es schnell gehen. Die Schüler gehen das Alphabet durch: Das L würde passen, aber geht auch Sack? Nein, das S ist gesperrt. Also „Lack“.

Bewertung: Wer beim Zuruf ein Wort nennt, das einen gestrichenen Buchstaben enthält, scheidet bei dieser Spielrunde aus. Wer schon mit der ersten Frage (was ziemlich unwahrscheinlich ist) das richtige Wort findet, erhält 100 Punkte. Nach der zweiten Frage 50 Punkte, nach der dritten gibt es 25 und nach der vierten noch 10 Punkte. Spätestens nach der fünften Frage ist das Wort „eingekreist“.

Mein Tipp: Üben Sie das Spiel erst einmal zu Hause – am besten zu dritt oder zu viert. Mit dieser Routine gelingt Ihnen das Spiel dann auch mit der ganzen Klasse.

Streichhölzer ablegen

5–10 Streichhölzer, Würfel

Die Schüler sitzen im Kreis um einen großen Tisch. Jeder Schüler hat vor sich sieben Streichhölzer liegen. In der Mitte liegen noch einmal etwa 20 Hölzer. Es wird reihum gewürfelt und es gelten folgende Regeln:
- Sieger ist, wer als Erster seine 7 Streichhölzer losgeworden ist.
- Wer eine Eins würfelt, darf 1 Streichholz in die Mitte legen.

- Bei einer Zwei gibt man seinem linken Nachbarn, bei einer Drei seinem rechten Nachbarn ein Hölzchen.
- Wer eine Vier würfelt, muss aus der Mitte ein Hölzchen nehmen.
- Wer eine Fünf würfelt, bekommt von seinen beiden Nachbarn je ein Hölzchen.
- Und wer eine Sechs würfelt, muss aus der Mitte 2 Streichhölzer nehmen. Eines muss man behalten, das andere darf man einem beliebigen Mitspieler geben.

Machen 20 Schüler mit, dauert das Spiel in der Regel 15 Minuten, bis der erste seine sieben Streichhölzer losgeworden ist.

Streichholzpyramide

5–10 Joghurtbecher, Streichhölzer

Sie stellen in die Mitte des Tisches einen Joghurtbecher (geeignet ist auch die Hülle einer Streichholzschachtel). Jeder Schüler bekommt 20 Streichhölzer. Die Schüler legen nun reihum jeweils ein Streichholz so auf den Rand des Bechers, dass sich früher oder später ein Turm entwickelt. Wer beim Ablegen den Turm zum Einsturz bringt, muss ausscheiden und ein neuer Turm wird gebaut.

Fäden entwirren

7–10 Folien, OH-Projektor, Schreibutensilien, evtl. Arbeitsblätter

Eine gute Übung, die Aufmerksamkeit zu schulen und die visuelle Aufnahmefähigkeit zu verbessern, bietet das Spiel: Fäden entwirren. Sie haben mehrere Folien vorbereitet und projizieren die erste an die Wand:

„Verfolge den Faden, der von a ausgeht. Bei welcher Zahl endet er? Dann suche auch Anfangs- und Endpunkt von b und c. Notiere das Ergebnis, z.B. Bild 1: a nach 2.“

Es folgen Bild 2 (mittlerer Schwierigkeitsgrad) und Bild 3 (schwer). Eine Variante ist, dass Sie die Schüler auffordern, selbst ähnliche Bilder zu zeichnen. Ihre Nachbarn müssen dann die Fäden entwirren.
Viele Schüler werden Schwierigkeiten haben, nur mit den Augen dem Verlauf der Fäden zu folgen. Ihnen geben Sie ein vorbereitetes Arbeitsblatt mit dem Fadenwirrwarr.

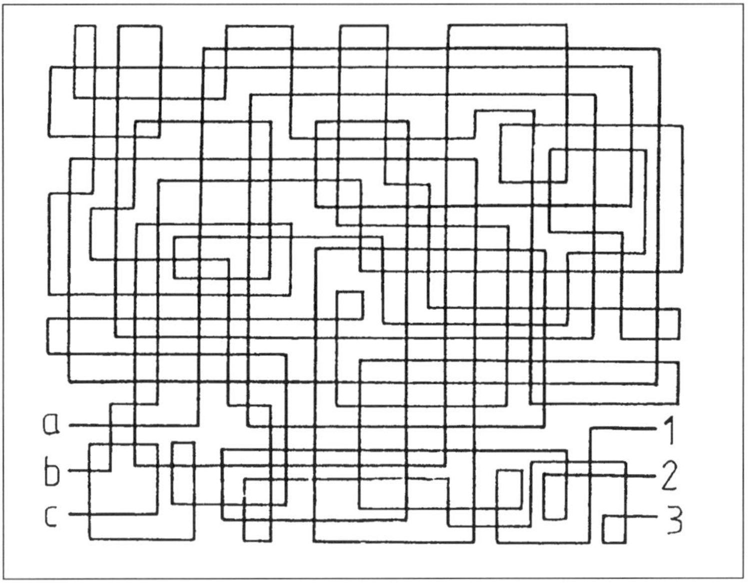

Bild 1

Bild 2

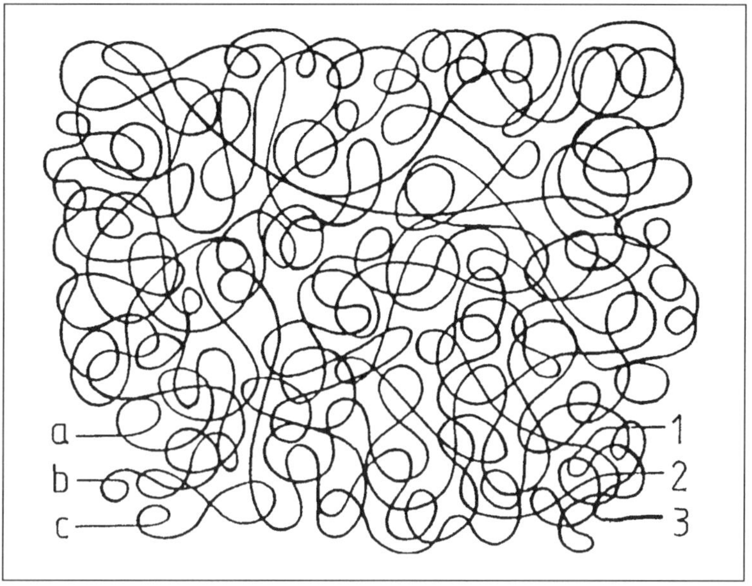

Bild 3

Auflösung von Seite 40:

2. Rätseln, rechnen, kombinieren

Verschiebebahnhof

8–10 DIN-A4-Blatt, Lineal, acht Pfennige o. Ä., Buntstift, Schreibutensilien

Auf ein festes DIN-A4-Blatt ist dieses Brettspiel schnell aufgezeichnet. Feld 1 wird bunt ausgemalt. Wenn man jetzt noch acht Pfennige zur Verfügung hat, kann das Spiel beginnen, für das folgende Regeln gelten:
Man setzt eine Münze auf ein beliebiges Feld 1 bis 8. Dann verschiebt man die Münze in ein gegenüberliegendes Feld, wo sie abgelegt wird. Klar, dass dieses Feld nicht mehr betreten werden darf. So fährt man fort, bis alle acht Münzen ihren Platz gefunden haben.

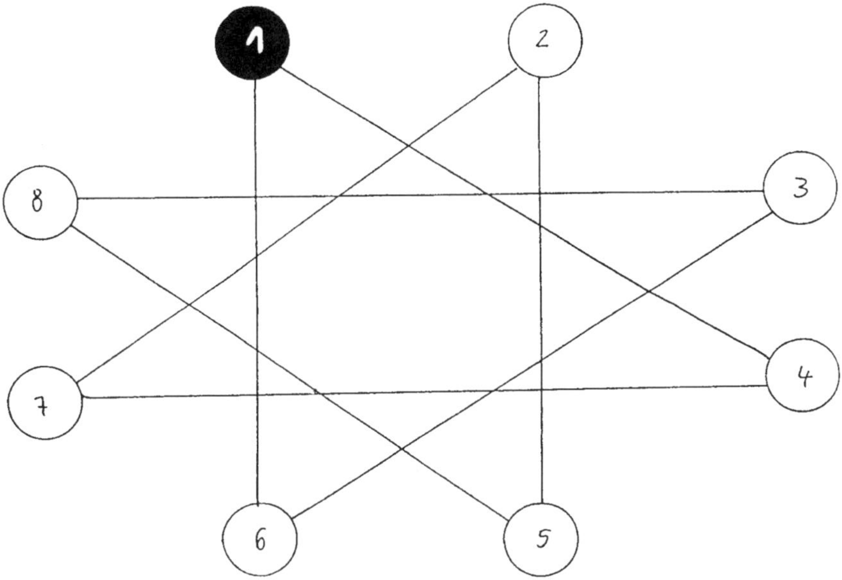

Das hört sich einfach an, wenn nicht noch folgende Regel zu beachten ist: Im letzten Zug muss die achte Münze auf das noch freie (bunt markierte) Feld 1 gesetzt und darf nicht weitergeschoben werden.
Wer auf gut Glück und nach dem Prinzip des Zufalls die Münzen setzt und verschiebt, wird es kaum schaffen – ein wenig Überlegung gehört schon dazu. Von den 110 Varianten kommen nur ganze 6 zum Ziel, wenn man die richtige Strategie findet und anwendet.

Die Schüler legen nach folgendem Muster eine oder mehrere Tabellen an

Schritt	von	nach
I	2	5
II	7	2
III	1	4
IV	usw.	
V		
VI		
VII		
VIII		

und versuchen, eine erfolgreiche Lösungsstrategie zu entwickeln.
Wie sieht die richtige Strategie aus? Eine wichtige Regel für die ersten fünf Züge lautet: Immer den folgenden Zug auf das Anfangsfeld des vorhergehenden Zuges machen. Durch Ausprobieren stellt man fest, dass man immer Erfolg hat (unter Beachtung der wichtigen Regel), wenn der erste Zug auf dem 5. oder 8. Feld beginnt – egal wohin man zieht. Erfolgreich ist auch der Beginn auf Feld 3, wenn zum Feld 6 gezogen wird, oder wenn der erste Zug von 7 nach 4 bzw. von 2 nach 7 ausgeführt wird. Probieren Sie es aber vorher selbst aus!

Raumvorstellung

8–10 Tafelbild oder Folie, selbst gebastelter Würfel, Büroklammer, drei Strohhalme, Arbeitsblatt

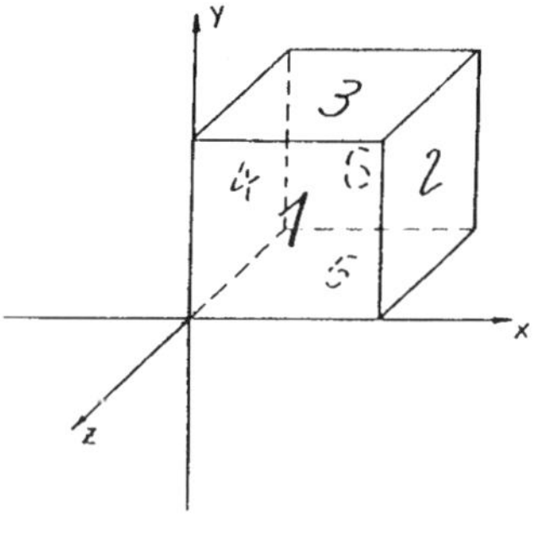

Mit diesem Spiel schulen Sie die Raumvorstellung Ihrer Schüler. Aber auch für Sie selbst ist es eine nützliche Übung, das anschauliche Denken zu trainieren.
Sie zeichnen den Würfel an die Tafel oder legen eine vorbereitete Folie auf den Projektor. Das Tafelbild zeigt einen Würfel als Raumbild, auf dem die Ziffern etwas anders angeordnet sind als auf einem herkömmlichen Spielwürfel. Auf den sichtbaren Würfelflächen sind die Ziffern

durchzogen, auf den verdeckten Flächen gestrichelt. Von der unteren linken Würfelkante gehen die drei Koordinatenachsen x, y und z aus.

Sie beginnen mit einer leichten Aufgabe:

„Kippe den Würfel aus der Ausgangsstellung um die x-Achse um 90° (1 x gekippt) nach vorn. Zeichne das Raumbild und trage die Ziffern ein!"
Den meisten Schülern macht es keine Schwierigkeit, das Raumbild eines Würfels zu zeichnen. Aber die Zuordnung der einzelnen Ziffern bereitet doch Kopfzerbrechen. Vielleicht sollten Sie die Lösung der ersten Aufgabe an der Tafel präsentieren.
Schwache Schüler basteln einen Würfel aus leichter Pappe, malen mit Tusche oder einem Edding-Stift die Ziffern auf die Würfelflächen und kippen den Würfel in die gewünschten Richtungen. Eine Anleitung zum Basteln des Würfels finden Sie auf der Seite 174. Auch das Koordinatensystem mit den drei Achsen x, y und z lässt sich aus einer Büroklammer und drei Strohhalmen schnell herstellen.

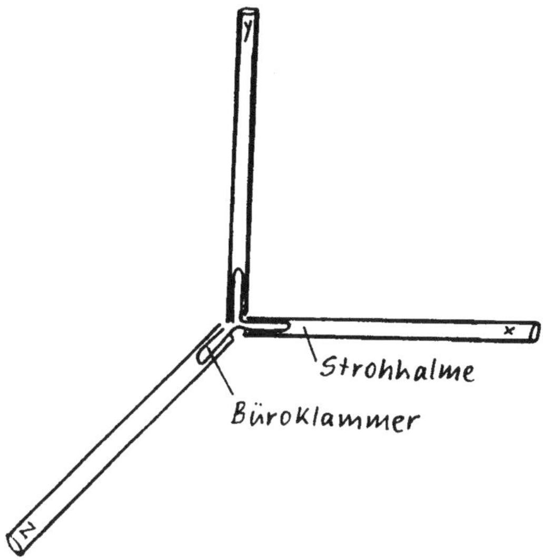

Arbeitsblatt Raumvorstellung

Ausgangsstellung

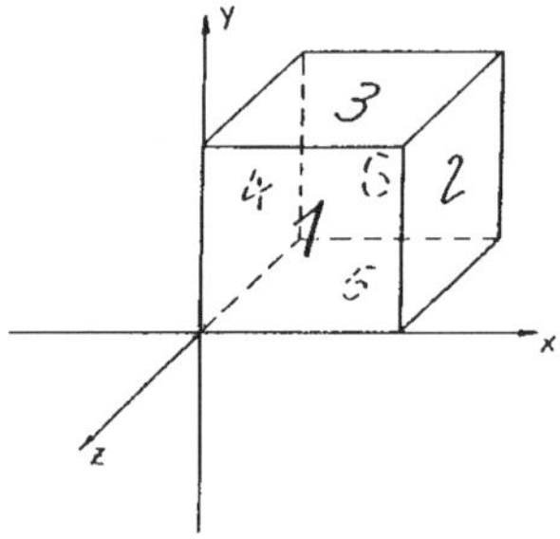

Aufgabe 1
Kippe den Würfel einmal um die x-Achse nach vorn. Zeichne das Raumbild und trage die Ziffern ein.

Aufgabe 2
Kippe den Würfel um die y-Achse einmal nach links und um die x-Achse einmal nach vorn.

Aufgabe 3
Kippe den Würfel zweimal um die x-Achse nach vorn und einmal um die y-Achse nach rechts.

Aufgabe 4
Kippe den Würfel einmal um die x-Achse nach hinten und dann links herum zweimal um die z-Achse.

Aufgabe 5
Kippe den Würfel einmal um die x-Achse nach vorn, einmal um die y-Achse nach rechts und einmal um die z-Achse nach links.

Es geht weiter mit der Aufgabe 2: „Kippe den Würfel aus der Ausgangsstellung um die y-Achse einmal nach links und um die x-Achse einmal nach vorn."
Dann die Aufgabe 3: „Kippe den Würfel zweimal um die x-Achse nach vorn und einmal um die y-Achse nach rechts."
Aufgabe 4: „Kippe den Würfel einmal um die x-Achse nach hinten und dann links herum zweimal um die z-Achse."
Vielleicht bereiten Sie ein Arbeitsblatt vor, auf dem alle Aufgaben formuliert sind und zu jeder Aufgabe der Würfel in Raumdarstellung abgebildet ist. Dann brauchen die Schüler „nur" noch die Ziffern einzutragen. Zur Auswertung geben die Schüler ihr Blatt einfach dem Nebenmann, der die fehlerhaften Felder abstreicht und die erreichte Punktzahl notiert (vorher haben Sie natürlich das Lösungsblatt verteilt).

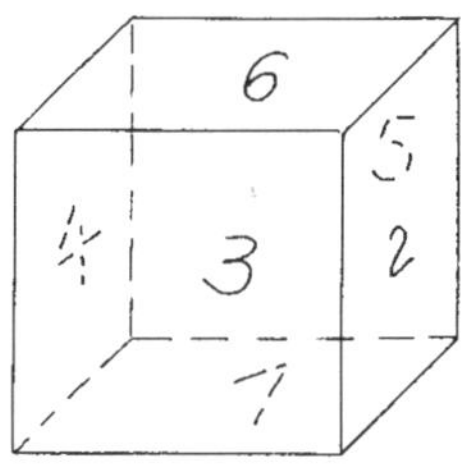

Lösung 1

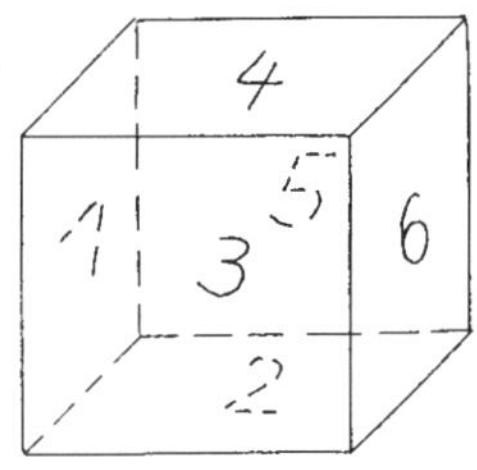

Lösung 2

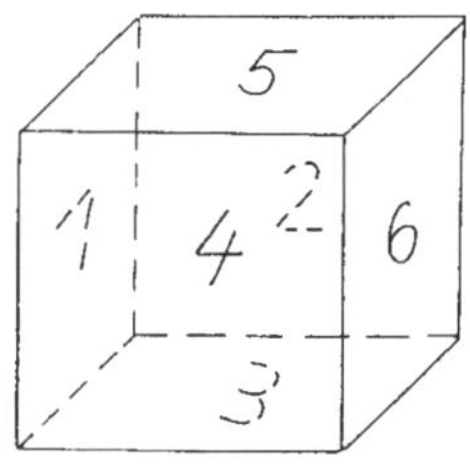

Lösung 3

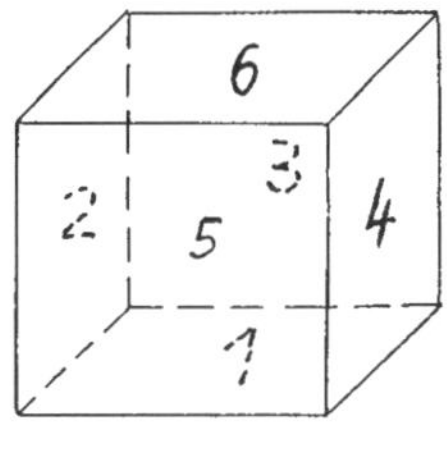

Lösung 4

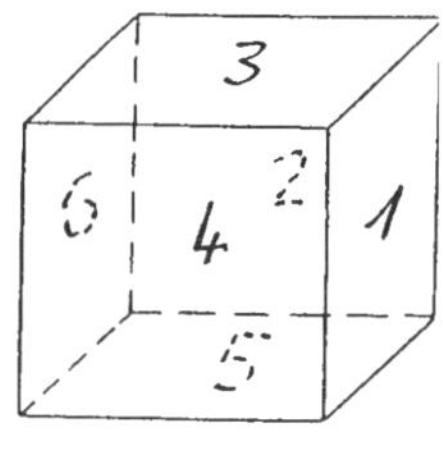

Lösung 5

Platz ist in der engsten Hütte

9–10 Tafelbild

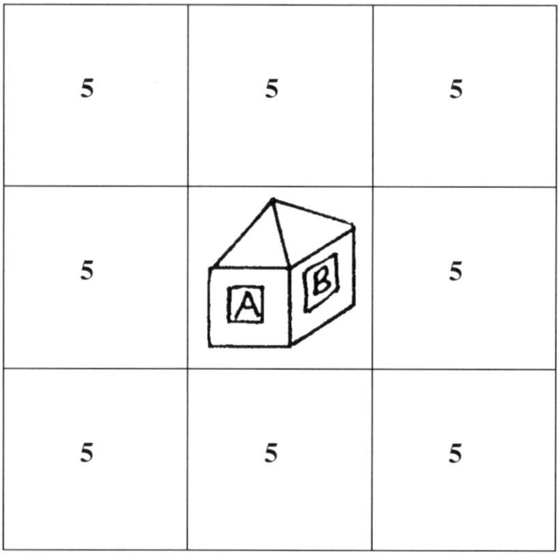

Stall Nr. 1	Stall Nr. 2	Stall Nr. 3
Stall Nr. 4	Hütte	Stall Nr. 5
Stall Nr. 6	Stall Nr. 7	Stall Nr. 8

Von seiner kleinen Hütte aus kann der Schäfer seine acht Schafställe gut überblicken. Aus jedem der vier Fenster sieht er drei Ställe und in jedem Stall stehen fünf Schafe. Aus dem Fenster A sieht er also 15 Schafe, die in der nebenstehenden Abbildung in den Ställen Nr. 6, 7 und 8 untergebracht sind; aus dem Fenster B die rechte Reihe mit den drei Ställen Nr. 3, 5 und 8 mit ebenfalls 15 Schafen usw. Nun die Frage: Kann er noch ein weiteres Schaf aufnehmen und trotzdem weiterhin in jeder Reihe 15 Schafe zählen? Natürlich sind die Ställe groß genug, um noch zusätzliche Schafe aufzunehmen.
Noch einmal: Statt der 40 Schafe, die in seinen acht Ställen untergebracht sind, sollen es nun 41 Schafe sein. Bei einer Kontrolle sieht er aus jedem der vier Fenster 15 Schafe – genau wie vor der Aufnahme des zusätzlichen Schafes. Und es sind keine Tricks erlaubt!

Lösung:
Aus dem achten Stall nimmt er zwei Schafe heraus und steckt je eines in den fünften und siebten Stall. Jetzt sind im achten Stall nur noch drei Schafe, aber im fünften und siebten Stall sind es nun sechs. Wenn er jetzt das zusätzliche Schaf im Stall 8 unterbringt, geht die Rechnung wieder auf. Aus jedem Fenster sieht er wieder 15 Schafe, z.B. aus dem Fenster A: 5 + 6 + 4 = 15.

Gelingt es ihm, noch ein weiteres Schaf unterzubringen? Mit ein wenig Nachdenken findet man schon die richtige Lösung. Aber wie sieht es mit 3, 4 oder 5 Schafen aus?

Ordnung schaffen

7–10 Tafelbild

Zur Erholung ein wenig Kopfrechnen. Die Zahlen innerhalb einer Zeile sollen so vertauscht werden, dass sowohl in jeder senkrechten als auch waagerechten Reihe die Addition 60 ergibt.

11	13	17	19
11	13	17	19
11	13	17	19
11	13	17	19

Lösung:

11	13	17	19
13	19	11	17
17	11	19	13
19	17	13	11

Ganz schön schwierig, oder?

7–10 Tafelbild

4 Hühner legen in 4 Tagen 4 Eier. Wie viele Hühner legen dann in 16 Tagen 16 Eier?

Lösung:
Auch vier Hühner. Leichter geht es wohl kaum – aber stellen Sie die Frage einmal im Kollegenkreis!

Ausprobieren

9 - 10 *Tafelbild, Schreibutensilien*

Fünf Rechenaufgaben sollen durch Einsetzen der Zeichen für Addition (zweimal), Subtraktion, Multiplikation und Division (je einmal) gelöst werden, sodass sich die angegebene Summe von 122 ergibt.

20 5 =

18 6 =

15 5 =

14 2 =

12 3 =

122

Lösung:
20 : 5 = 4, 18 - 6 = 12, 15 · 5 = 75, 14 + 2 = 16, 12 + 3 = 15.
4 + 12 + 75 + 16 + 15 = 122.

Sicher ist sicher

8–10 *Tafelbild*

Die Fenster in einer Gefängniszelle sind quadratisch: 40 cm breit und 40 cm hoch. Die Fläche beträgt demnach 40 cm x 40 cm = 1600 cm^2. Das erscheint dem Direktor aus Sicherheitsgründen zu groß. Er gibt einer Firma den Auftrag, die Fensterflächen zu halbieren, jedes Fenster soll also nur noch 800 cm^2 Flächeninhalt haben. Die Fenster müssen aber weiterhin 40 cm breit und 40 cm hoch sein. Und natürlich sollen sie quadratisch bleiben. Ist das überhaupt möglich?

Lösung:
Ja, es ist möglich.

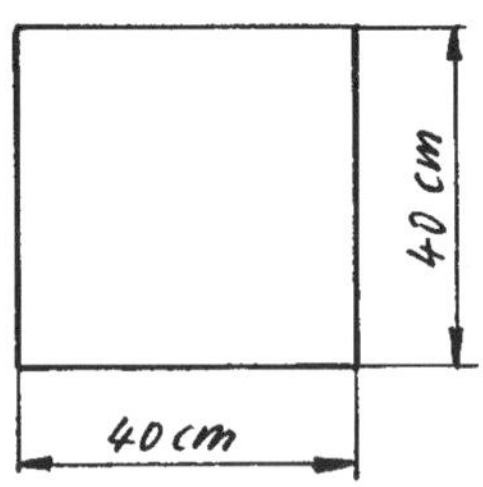

vorher

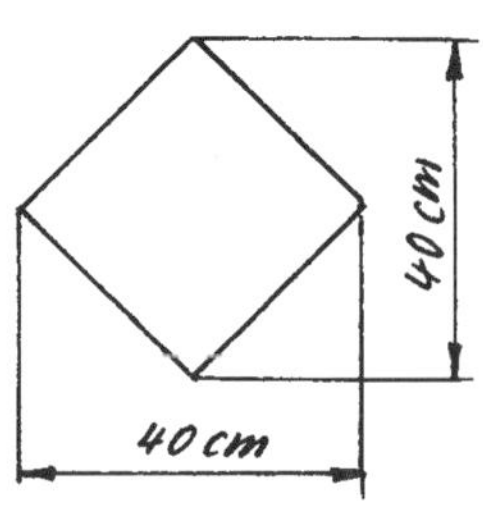

nachher

Jedes Pferd in eigener Koppel

8–10 Folie oder Tafelbild

Kannst du mit nur zwei Quadraten die Koppel dieser neun Pferde so aufteilen, dass jedes Pferd eine eigene kleine Koppel hat?

Lösung:

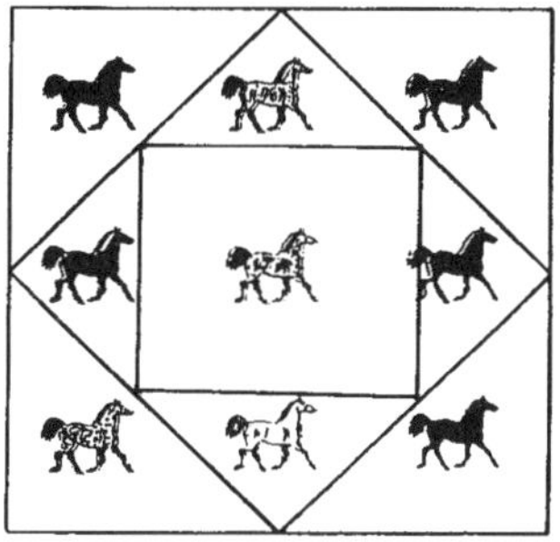

Zahlen ablegen

5–8 Papptafel, Kärtchen mit Zahlen, Protokoll

Die ganze Klasse, eingeteilt in mehrere Gruppen, kann mitspielen. In der Tischmitte liegen für jede Gruppe eine große Papptafel und zwei Häufchen kleiner Kärtchen, auf deren Rückseite (verdeckt) Zahlen stehen: Der größere Haufen enthält 100 Karten mit den Zahlen 1 bis 100, der kleinere Haufen 27 Karten mit den Zahlen 1 bis 9 (also dreimal die 1, dreimal die 2 usw.).

Große Papptafel

	+		=	
	–		=	
	·		=	
	:		=	

Auf der Papptafel sind die vier Operatoren der Grundrechenarten +, -, ·, : und entsprechende Felder in Kartengröße aufgezeichnet.
Jede Gruppe erhält zu Spielbeginn vom großen Stapel fünf und vom kleinen Stapel eine Karte. Die Karten werden für alle Gruppenmitglieder sichtbar ausgebreitet.
Die erste Gruppe beginnt und zieht noch ein weiteres Mal vom großen Stapel drei und vom kleinen Stapel eine Karte. Kommen drei Karten mit entsprechenden Zahlen zusammen, die eine mögliche Gleichung ergeben, können diese Karten auf der Papptafel abgelegt werden.

Beispiel: Die Karten 2, 3, 9, 11, 15, 41, 45, 46, 69, 70 können so abgelegt werden:

2	+	**9**	=	**11**
	–		=	
	·		=	
45	:	**3**	=	**15**

Ein Protokollführer notiert für die Gruppe 1 drei Punkte, denn eine Division zählt doppelt, eine Addition nur einfach.
Kann Gruppe 1 keine weiteren Karten ablegen (in unserem Beispiel die Karten 41, 46, 69 und 70), ist Gruppe 2 an der Reihe. Sie nimmt drei Karten vom großen und eine vom kleinen Stapel, und dann kann abgelegt werden – falls die passenden Karten vorliegen.

Das Spiel ist beendet, wenn eine Gruppe alle Karten abgelegt hat oder sich keine Karten mehr in der Tischmitte befinden. Dann werden die abgelegten Gleichungen gezählt und der Sieger ermittelt. Dabei zählen Addition und Subtraktion einfach, Multiplikation und Division doppelt. Also beim Spiel aufgepasst und die kleinen Ziffern schonen! Aber nicht das Risiko eingehen, dass eine Gruppe vorher fertig wird!

Mein Tipp: Ist eine Gruppe an der Reihe, hat sie eine Minute Zeit zum Ablegen. Sie können die Schwierigkeitsstufen steigern, wenn Sie mehr als sechs Karten zu Beginn austeilen, mehr als 100 Karten auf den ersten Stapel und weniger als 30 Karten auf den zweiten Stapel legen. Mit Leichtigkeit finden Sie Erweiterungen für leistungsstärkere Schüler.

Schattenlänge, Gebäudehöhe

9–10 Maßband, ca. 2 m langer Stab (Besenstiel o.Ä.), Taschenrechner

Wie kann man mit einem Maßband und einem ca. 2 m langen Stab die Höhe eines Gebäudes oder eines Baumes bestimmen? Sie erläutern das Problem an der Tafel:
„Die gesuchte Höhe dieser Tanne (siehe Abbildung) sei H. Wenn die Sonne scheint, wirft die Tanne zu einer bestimmten Zeit einen Schatten der Länge L. Nun stecken wir einen Stab in die Nähe der Tanne in den Boden und messen die Stabhöhe (h) und die Länge des Schattens (l), den der Stab wirft.

Es gilt nun der Strahlensatz: H verhält sich zu L wie h zu l, oder: $H : L = h : l$. In Bruchschreibweise: $\frac{H}{L} = \frac{h}{l}$.

H wollen wir bestimmen. Also stellen wir die Gleichung nach H um: $H = \frac{h \cdot L}{l}$.

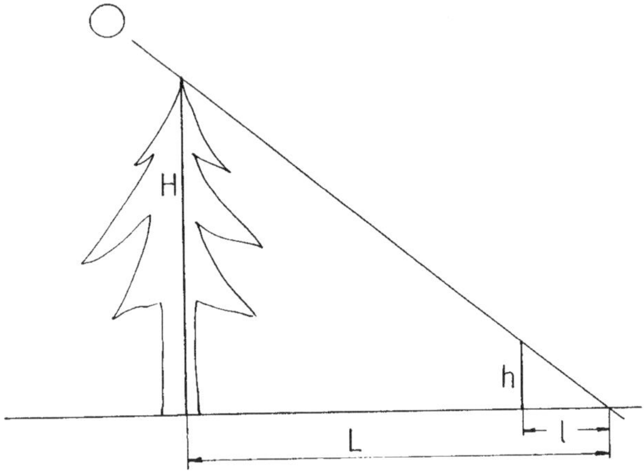

An einem sonnigen Tag gehen Sie mit den Schülern nach draußen. Vorher haben Sie mehrere Arbeitsgruppen gebildet, die mit Maßband, Stock, Taschenrechner und Notizblock ausgerüstet sind. Sie suchen sich mehrere passende Objekte aus, deren Höhe H bestimmt werden soll. Zuerst aber schätzen alle Schüler die Höhe H, bevor gemessen und gerechnet wird. Der Protokollführer schreibt die Namen und Schätzergebnisse auf.

Reihum werden nun von den Arbeitsgruppen die Höhen bestimmt. Zurück im Klassenraum, stellen die Gruppensprecher ihre Ergebnisse vor. Dann erfolgt die Auswertung.

Streichholzspiele

8–10 Streichhölzer, OH-Projektor, Tafelbild

Ihrer Materialsammlung für Vertretungsstunden entnehmen Sie einige Streichhölzer. Die Schüler sollen die richtigen Bezeichnungen für die Figuren nennen, die Sie auf dem OH-Projektor auslegen:

Rechter, stumpfer und spitzer Winkel, unregelmäßiges Viereck (Bild 1), Trapez, Drachenviereck (Bild 2), Parallelogramm, Rechteck, Quadrat, Rhombus (oder Raute). Lassen Sie dabei auch die Besonderheiten der jeweiligen Figuren zur Sprache kommen, z.B.: „Das Parallelogramm ist ein Viereck und besteht aus zwei Paaren paralleler Seiten. Eine spezielle Form des Parallelogramms ist das Rechteck, der Rhombus (oder die Raute) und das Quadrat.“

Ist eine ausreichende Anzahl von Hölzchen vorhanden, legen die Schüler selbst die verschiedenen Figuren vor sich auf den Tisch. Nun stellen Sie die erste Aufgabe (Bild 3), die Sie auf dem OH-Projektor auslegen: „Nimm von den zehn Hölzchen, die die drei Quadrate bilden, eines weg und versuche mit den restlichen neun Hölzchen wiederum drei Vierecke zu legen (*Lösung:* Bild 4).“

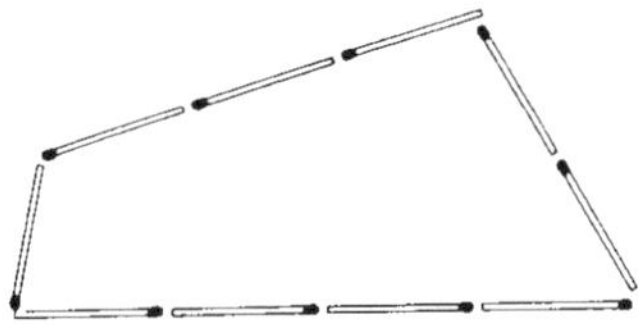

Bild 1

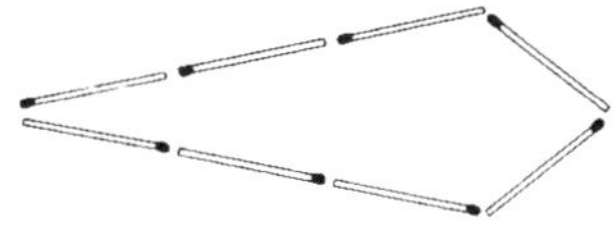

Bild 2

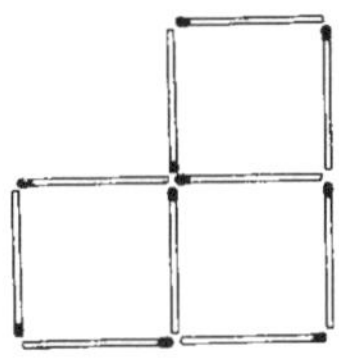

Bild 3

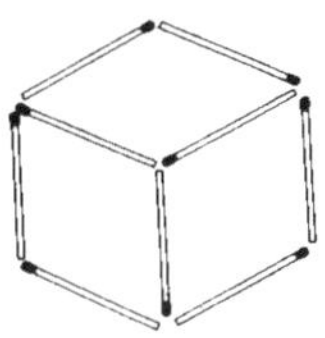

Bild 4

Jetzt legen Sie Dreiecke aus: ungleichschenklige, gleichschenklige und gleichseitige. Rechtwinklige Dreiecke können entweder ungleichschenklig oder gleichschenklig sein.

Mit a = 4, b = 3 und c = 5 Streichhölzern legen Sie zuerst ein rechtwinkliges Dreieck auf den OH-Projektor und zeigen, wie der Grieche PYTHAGORAS den nach ihm benannten Lehrsatz gefunden hat (oder haben könnte). Über jeder Seite bilden Sie mit Streichhölzern ein Quadrat (Bild 5). Dann ist $a^2 + b^2 = c^2$ bzw. $3^2 + 4^2 = 5^2$.

Lassen Sie die Schüler nach weiteren ganzzahligen Strecken suchen, für die der „Satz des Pythagoras“ Gültigkeit hat.

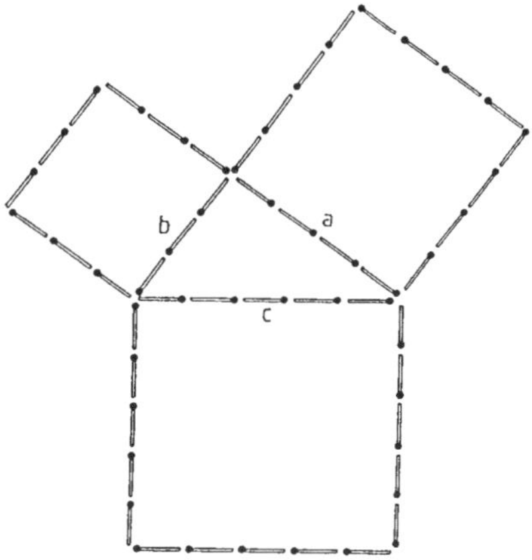

Bild 5

Die nächste Knobelaufgabe verlangt schon ein wenig Kreativität: Drei Hölzchen sind so umzulegen, dass aus dem kleinen Häuschen (Bild 6) vier gleichseitige Dreiecke entstehen (*Lösung:* Bild 7). Ein Tipp: Eine Dreieckseite muss nicht unbedingt eine Streichholzlänge sein.

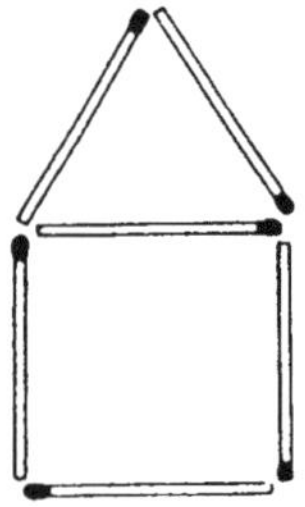

Bild 6

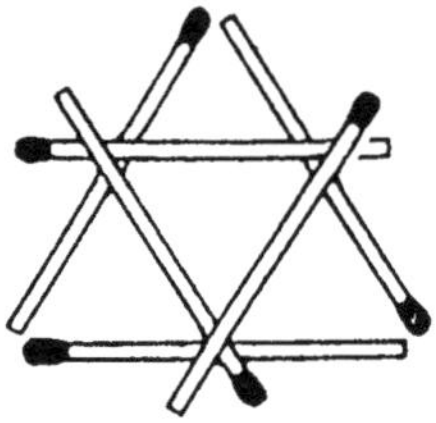

Bild 7

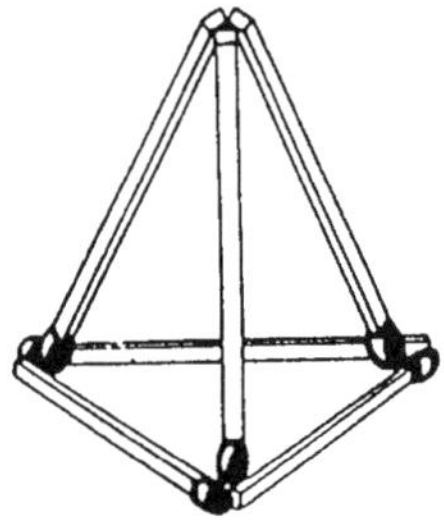

Bild 8

Vielleicht schaffen die Schüler auch diese Aufgabe: Aus sechs Hölzchen sollen vier gleichseitige Dreiecke gebildet werden. Diesmal muss jede Dreieckseite ein Streichholz lang sein (*Lösung:* Bild 8).

Vielleicht für die nächste Vertretungsstunde und als Partnerspiel sei folgende Aufgabe (für Strategen) gedacht: Von einem Häufchen mit 11 Streichhölzern nimmt jeder Spieler abwechselnd jeweils 1, 2 oder 3 Hölzchen weg. Wer das letzte nehmen muss, hat verloren. Wie kann man nie verlieren?

Lösung:
Es gewinnt immer, wer zuerst das 6. Hölzchen nehmen kann. Nimmt dann der Mitspieler von den restlichen 5 Streichhölzern 1, 2 oder 3, nimmt man selbst 3, 2 oder 1 Hölzchen weg. Für den Verlierer bleibt dann immer 1 Streichholz liegen.

Hat jeder Schüler mindestens 50 Streichhölzer zur Verfügung (das ist etwa der Inhalt von zwei Schachteln), kann er diesen Turm bauen (siehe Bild 9). Die Grundform ist ein Quadrat. Mit etwas Geschick gelingt ihm dann auch der Bau eines Turms, dessen Grundform eine Raute ist (Bild 10). Jetzt sind der Fantasie keine Grenzen mehr gesetzt: Die Bilder 11 und 12 zeigen den Bau einer Sechseckäule. Meist von selbst bauen dann die Schüler Türme mit dreieckiger, acht- oder sogar zehneckiger Grundform.

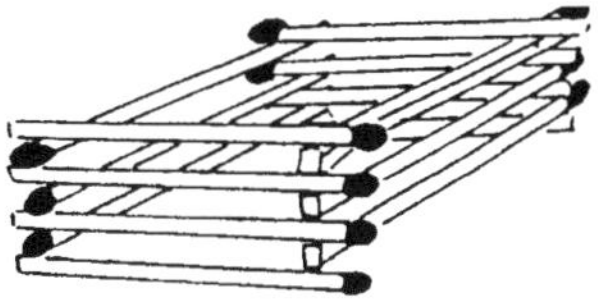

Bild 9

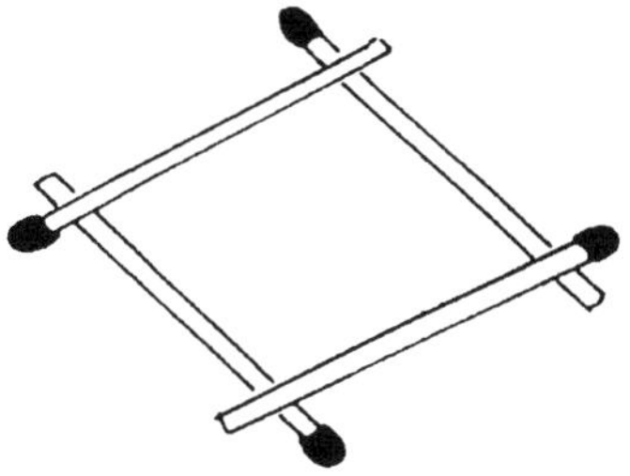

Bild 10

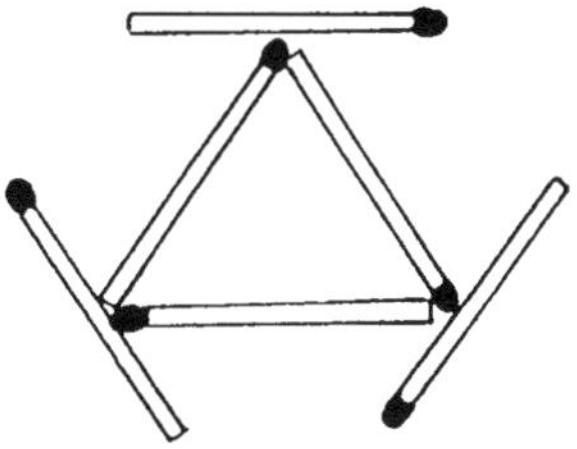

Bild 11

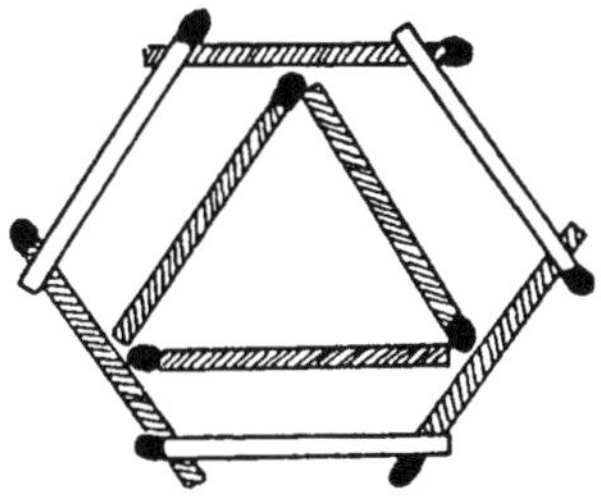

Bild 12

Zum Schluss der „Streichholzstunde“ lassen Sie aus vier Streichhölzern und zwei Streichholzschachteln eine stabile Brücke bauen. Die Schachteln sollen dabei weiter als eine Hölzchenlänge (siehe Bild 13) voneinander entfernt liegen. Die Lösung ist in Bild 14 dargestellt.*

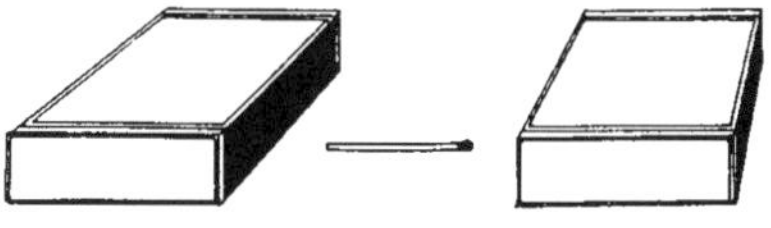

Bild 13

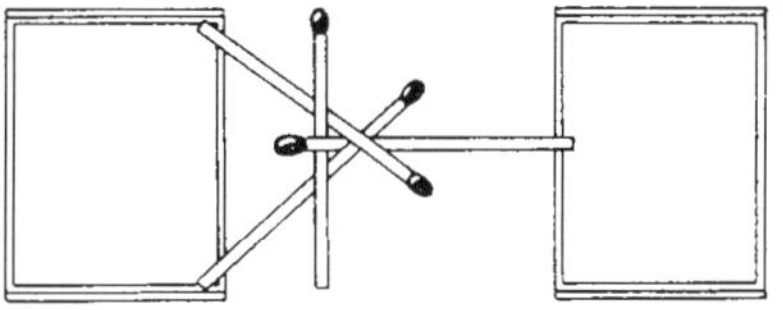

Bild 14

* Anregungen zum Teil entnommen aus: G. Obermair: Streichholzspiele, Heyne Verlag München.

Auf dem Holzweg

9–10 Streichhölzer

Aus acht Hölzern kann folgende Gleichung gelegt werden: II + II = I. Ein Streichholz musst du umlegen, damit die Gleichung stimmt.

Lösung: III - II = I

Und wie sieht es mit dieser Gleichung aus: VII = I? Auch jetzt genügt es, ein Streichholz zu verschieben, damit die Gleichung aufgeht.

Lösung: $\sqrt{\mathrm{I}} = \mathrm{I}$

Linien und Flächen

6–10 Arbeitsblätter, Tafelbild

Es gibt viele Gelegenheiten, den Schulalltag mit kleinen Lernspielen aufzulockern. Die letzte Stunde vor und die erste Stunde nach den Ferien, die sechste Stunde am Freitag, die letzten zehn Minuten des Nachmittagsunterrichts ... müssen nicht unbedingt Stress bedeuten.
Kopieren Sie das Arbeitsblatt „Linien und Flächen" (S. 72/73). Sie können auch die Aufgaben an die Tafel schreiben.
Aber probieren Sie doch einmal selbst, ob Sie die Lösung finden!

„Linien und Flächen"

Teile das Rechteck (Bild 1) in zwei Hälften. Durch einmaliges Verschieben der beiden Teile soll ein Quadrat entstehen. Tipp: Die Trennlinie ist zweimal im rechten Winkel abgeknickt.

Bild 1

Die Figuren in Bild 2 und 3 sollen in vier gleich große Teile, die außerdem noch deckungsgleich sind, aufgeteilt werden. Tipp: In Bild 3 sind es kleine Trapeze.

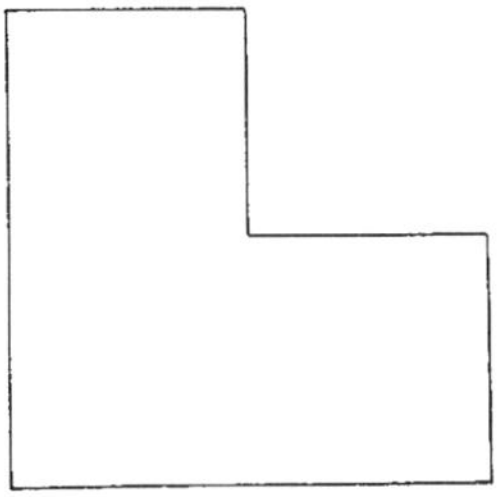

Bild 2

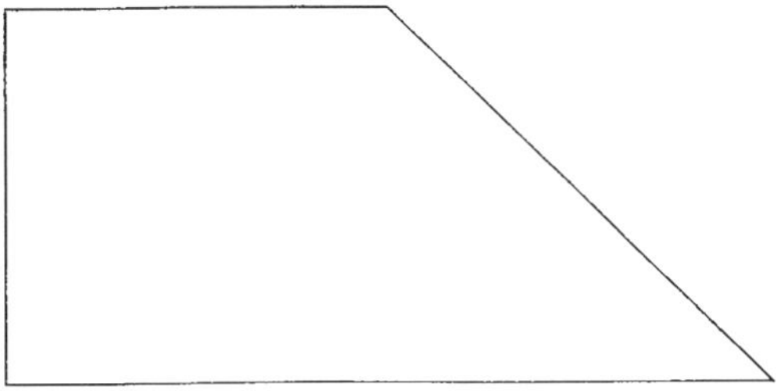

Bild 3

In Bild 4 bilden vier Streichhölzer eine „Schaufel", auf der eine Münze liegt. Verschiebe zwei Streichhölzer, ohne die beiden anderen zu berühren – und die Münze liegt außerhalb der Schaufel. Die Form der Schaufel muss erhalten bleiben.

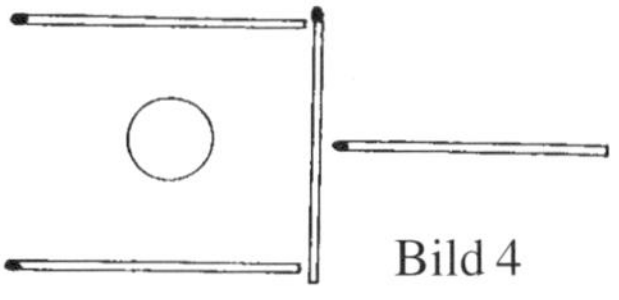

Bild 4

Bild 5: Schneide die sieben Teile a bis g aus und lege sie so zusammen, dass ein Quadrat entsteht.

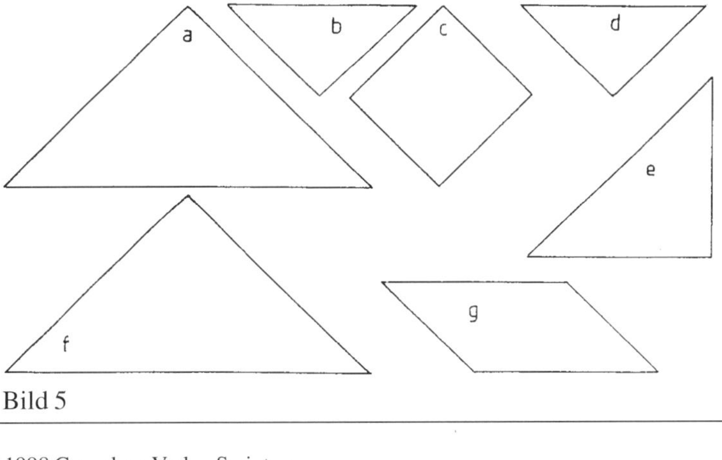

Bild 5

Lösungen:

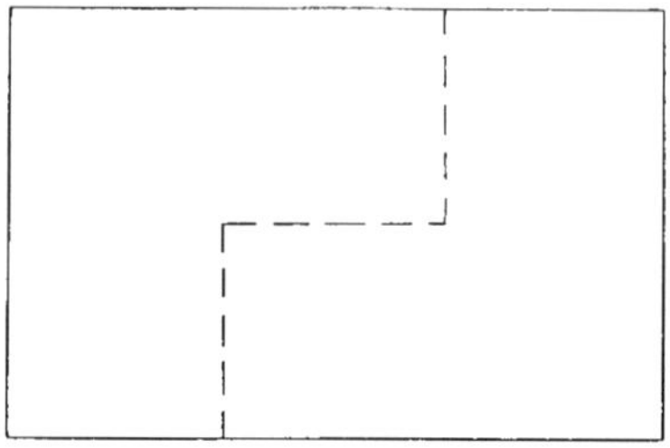

zu Bild 1

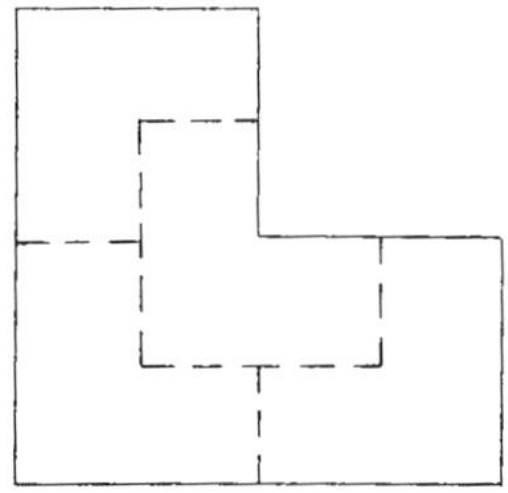

zu Bild 2

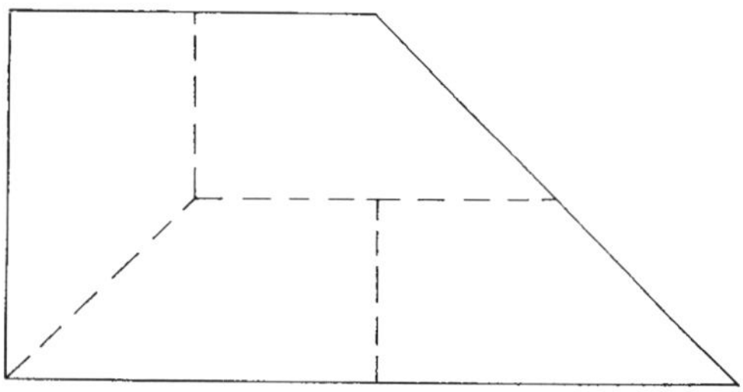

zu Bild 3

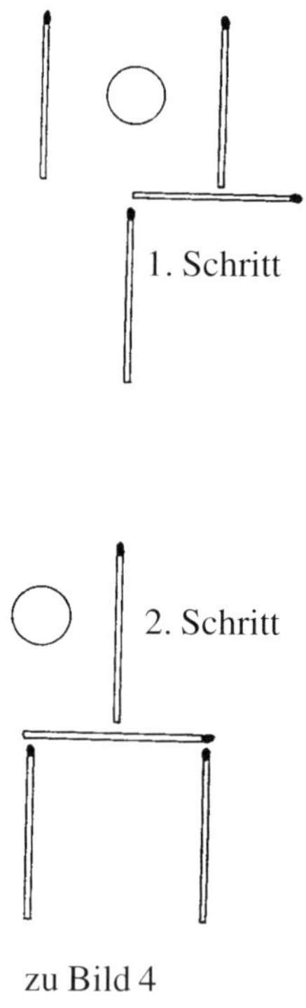

zu Bild 4

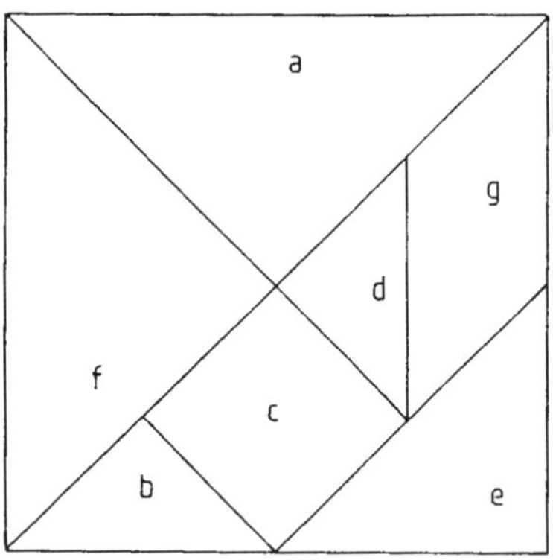

zu Bild 5

Viereck gesucht

7–10 Tafelbild

„Kannst du ein Viereck zeichnen, das sich mit einer einzigen geraden Linie in drei Dreiecke teilen lässt?“

Lösung:

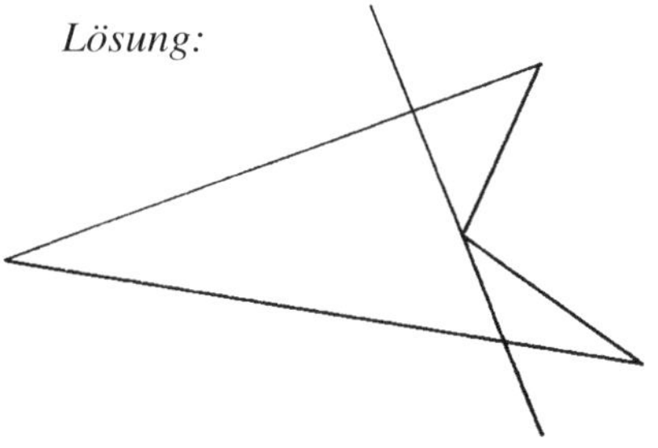

Kopfrechnen gut

9–10 Tafelbild, Merkzettel mit: 29 997, drei vierstelligen Zahlen, Ergänzung zu 9

Es kann nicht schaden, wenn Sie auch als Nichtmathematiker Ihr Image als Rechenkünstler ein wenig aufwerten. Sie wissen bestimmt aus Erfahrung, wie schnell man mit erworbenen Lehrbefähigungen identifiziert wird und immer wieder auf Überraschung stößt, wenn man auch in anderen Fachgebieten Kenntnisse und Fertigkeiten aufweist. „Was, Sie können auch Französisch? Das hätte ich nie für möglich gehalten ...“

Kommentarlos schreiben Sie die Zahl 29 997 unten an die Tafelecke. Dann bitten Sie einen Schüler, drei beliebige vierstellige Zahlen untereinander in die Tafelmitte zu schreiben. Martina notiert zum Beispiel: 3558, 7012 und 9255.
Sie geben sich aber damit nicht zufrieden und diktieren selbst drei vierstellige Zahlen. Dann fordern Sie Martina auf, alle sechs Zahlen zu addieren. Tatsächlich kommt als Ergebnis 29 997 heraus. Was geht hier vor? Haben Sie etwa hellseherische Fähigkeiten?

Die Lösung ist ganz einfach: Die einzelnen Ziffern der drei Zahlen, die Sie diktieren, müssen mit den entsprechenden Ziffern der ersten Zahlengruppe, die Martina angeschrieben hat, immer 9 ergeben. Ihre Zahlen lauten also: 6441, 2987 und 744. Vielleicht meldet sich jetzt schon ein Schüler, der das Spiel durchschaut hat: „Das kann doch jeder. Die drei Zahlen von Martina und die drei Zahlen des Lehrers ergeben immer 9999. Die gemeinsame Summe muss dann $3 \cdot 9999$ betragen. Und das kann ich im Kopf ausrechnen: $3 \cdot 10\,000$ sind 30 000. Davon 3 abgezogen, ergibt 29 997.“

Aber Sie können das Spiel mit anderen Zahlenkombinationen fortsetzen: „Schreibe drei dreistellige Zahlen an die Tafel. Keine darf größer als 850 sein. Ich nenne ebenfalls drei Zahlen und kann das Ergebnis der gemeinsamen Summe vorhersagen: 2664."
In Gedanken haben Sie gerechnet: $3 \cdot 888$. $3 \cdot 1000 = 3000$. $3 \cdot 112 = 336$. $3000 - 336 = 2664$.
Kai schreibt die Zahlen 744, 495, 202. Sie ergänzen zu 888 und diktieren 144, 393 und 686. Jetzt verraten Sie den Schülern den Lösungsweg und, o Wunder, auf einmal wollen alle selbst Hellseher spielen. Und der Taschenrechner hat Pause.

Einfach verblüffend

7–10 Schreibutensilien

Alle Schüler können mitmachen: Zettel und Stift liegen bereit, ebenfalls Ihre „Gedächtnisstütze" mit den Hinweisen: ·5, +2, ·4, +3, ·5, +7, die beiden letzten Ziffern weg.
Der Taschenrechner bleibt da, wo er hingehört: in der Tasche.
„Schreibe eine beliebige Zahl zwischen 1 und 100 auf. Multipliziere mit 5, zähle 2 hinzu und multipliziere das Ergebnis mit 4. Zähle 3 hinzu. Multipliziere noch einmal mit 5 und zähle zum Schluss noch 7 hinzu. Nenne mir das Ergebnis und ich sage dir die Zahl, die du dir am Anfang aufgeschrieben hast."

Klaus notiert sich die 12.
$12 \cdot 5 = 60$. $60 + 2 = 62$. $62 \cdot 4 = 248$. $248 + 3 = 251$. $251 \cdot 5 = 1255$.
$1255 + 7 = 1262$.
Klaus: „1262."
„Du hast die Zahl 12 aufgeschrieben."

Sabine: „452."
„Deine Zahl war 4."

Sie brauchen vom Ergebnis der Rechenaufgabe nur die beiden letzten Ziffern streichen. Übrig bleibt die gedachte Zahl.

Schnelles Quadrieren

9–10 Taschenrechner, Tafel

Können Sie die Aufgabe 65^2 bzw. $65 \cdot 65$ oder 115^2 bzw. $115 \cdot 115$ im Kopf ausrechnen? Oder müssen Sie zu Bleistift und Papier greifen oder den Taschenrechner zu Hilfe nehmen? Ich zeige Ihnen einen kleinen Rechenkniff, wie Sie solche Aufgaben blitzschnell im Kopf lösen können. Dass Sie dann Ihre Fähigkeiten in einer Vertretungsstunde demonstrieren und an die Schüler weitergeben, versteht sich von selbst.
Schreiben Sie einmal die Quadratzahlen von 15, 25, 35 und 45 untereinander (nehmen Sie vorläufig den Taschenrechner zu Hilfe) und schauen sich die Ergebnisse an:
$15^2 = 225$
$25^2 = 625$
$35^2 = 1225$
$45^2 = 2025$

Es fällt auf, dass die letzten beiden Ziffern immer die 2 und die 5 sind, also 25. Und vor der 25 steht immer eine gerade Zahl: 2, 6, 12, 20 ... Jede dieser geraden Zahlen lässt sich als Produkt aus zwei Zahlen darstellen: Die erste Zahl ist die Ziffer vor der 5 und die zweite ist die unmittelbar nachfolgende.

1. Beispiel: Bei der 15 steht die 1 vor der 5. Die nächstfolgende Zahl nach der 1 ist die 2. Also ergibt $1 \cdot 2 = 2$ und die 25 angehängt: 225.
2. Beispiel: $25 \cdot 25$. $2 \cdot 3 = 6$. 25 angehängt ergibt 625. Jetzt fällt es Ihnen bestimmt leicht, die beiden Anfangsaufgaben im Kopf zu rechnen.
$65 \cdot 65$. $6 \cdot 7 = 42$. 25 angehängt. Ergebnis 4225.
$115 \cdot 115$. $11 \cdot 12 = 132$. Wieder 25 anhängen. Ergebnis 13225.

Übrigens funktioniert dieser Kniff auch mit Dezimalzahlen: $3{,}5 \cdot 3{,}5$!
$3 \cdot 4 = 12$. Hinter die 12 ein Komma, 25 angehängt und das Ergebnis ist 12,25.

Natürlich liefern Sie den Schülern auch die Erklärung. Man stellt die zu quadrierende Zahl als Summe aus der natürlichen Zahl n und 5 dar und quadriert dann. Man erhält:

$(n + 5)^2 = n^2 + 2 \cdot n \cdot 5 + 5^2 = n^2 + 10n + 25 = n(n + 10) + 25.$
Für 65 gilt dann mit $n = 60$:
$60 \cdot 70 + 25 = 4225.$

Schneller als der Taschenrechner

5–10 Arbeitsblatt

„Nicht deinen Mathelehrer, aber zu Hause kannst du mit diesem Rechenkniff deine Eltern verblüffen.“
Sie zeigen ihren Schülern, wie sie ein Wettrechnen gewinnen, wenn sie das kleine Einmaleins sicher beherrschen.

Arbeitsblatt

23 · 27	56 · 54	85 · 85	31 · 39	68 · 62	93 · 97	16 · 14
45 · 45	77 · 73	22 · 28	59 · 51	84 · 86	38 · 32	61 · 69
96 · 94	15 · 15	43 · 47	75 · 75	54 · 56	72 · 78	29 · 21
53 · 57	82 · 88	37 · 33	67 · 63	95 · 95	12 · 18	44 · 46
76 · 74	26 · 24	81 · 89	34 · 36	65 · 65	99 · 91	11 · 19
48 · 42	25 · 25	13 · 17	41 · 49	87 · 83	35 · 35	52 · 58

„Setz dich mit deinem Vater vor dieses Arbeitsblatt. Deine Mutter zeigt mit einem Stift auf irgendeine der vielen Aufgaben und ihr beide, du und dein Vater, rechnet nun diese Aufgabe aus. Dein Vater kann ruhig mit Bleistift und Papier rechnen, du machst die Aufgabe nur im Kopf. Wer fertig ist, sagt laut das Ergebnis. Damit du das Wettrechnen gewinnst, musst du allerdings vorher tüchtig üben.“ Der Rechentrick ist sehr einfach.

Erklärung:
„Ist dir aufgefallen, dass bei jeder Aufgabe die Zehner gleich sind und sich die Einer einander zu 10 ergänzen? Das ist die Voraussetzung dafür, dass der Rechentrick auch funktioniert. Man erhöht zunächst den einen Zehner um 1 und multipliziert ihn mit dem anderen Zehner. Bei der ersten Aufgabe heißen die Zehner 2 und 2. 2 + 1 = 3. 3 · 2 = 6. Dann multipliziert man die Einer miteinander, also im ersten Beispiel 3 · 7 = 21 und fügt das Ergebnis dem ersten an. Die 21 wird also an die 6 angehängt. Als Lösung ergibt sich 621.
Beim zweiten Beispiel rechnet man so: 5 + 1 = 6. 6 · 5 = 30. 6 · 4 = 24. Das Ergebnis ist 3024 usw.“

Pausenfüller

9–10 Merkzettel

Sie bitten einen Schüler, sein Geburtsjahr aufzuschreiben. Dann soll er dazu das Jahr eines wichtigen Ereignisses in seinem Leben addieren. Zu dieser Zahl addiert er noch sein Alter und schließlich noch die Jahre, die seit dem wichtigen Ereignis vergangen sind.
Sie können jetzt schon das Ergebnis „vorhersagen“: 4004, wenn Sie dieses Spiel im Jahr 2002 vorführen. Nur wenigen Leuten fällt auf, dass die Summe dieser vier Zahlen immer das Doppelte des laufenden Jahres sein muss.

Wenn Sie das Spiel auf die Spitze treiben wollen oder es anschließend noch einmal vorführen müssen, ein kleiner Tipp: Lassen Sie den ersten Kandidaten noch die Quadratwurzel aus seinem Endergebnis ziehen, sofern er einen Taschenrechner bei sich hat. Sie haben das natürlich schon vorher gemacht und sich das Ergebnis gemerkt: 63,3. Der nächste Kandidat teilt sein Ergebnis durch 7. Es muss 572 herauskommen.

Eine weitere Variante will ich noch verraten: Lassen Sie als letzten Rechenschritt noch die Anzahl der im Raum anwesenden Personen addieren. Da Sie selbst diese Zahl auch kennen, ist es ein Leichtes, das Endergebnis vorherzusagen ...

Den Geburtstag erraten

9–10 Schreibutensilien

Vertretung in einer fremden Klasse? Da bietet es sich an, dass Sie durch „Gedankenlesen“ alle Geburtstage der Schüler aufsagen können. An einem Beispiel erläutere ich den Trick:
„Schreibe den Tag auf, an dem du geboren bist.“ (z.B. 17)
„Verdoppele die Zahl.“ (34)
„Zähle 5 hinzu.“ (39)
„Nimm das Ergebnis mit 50 mal.“ (1950)
„Zum Schluss zählst du die Zahl des Geburtsmonats hinzu und sagst mir das Ergebnis.“ (1951)
„Dein Geburtstag ist der 17. Januar.“

Sie brauchen nur von den genannten Zahlen 250 abzuziehen, also 1951 - 250 = 1701. Die ersten beiden Ziffern geben den Geburtstag, die letzten beiden den Geburtsmonat an. Die Subtraktion sollten Sie allerdings im Kopf ausführen.

Blitzrechner

6–10 ***Schreibutensilien, Merkzettel mit a, b, (2a + 5)·5 + b***

Sie fordern Ihre Schüler auf, zwei beliebige Zahlen zwischen 1 und 10 auf einen Zettel zu schreiben. Monika schreibt zum Beispiel 9 und 4, Peter die Zahlen 3 und 6 auf.
„Multipliziere die erste gedachte Zahl mit 2. Zähle zum Ergebnis 5 hinzu. Nimm das Ganze mit 5 mal und zähle zum Ergebnis deine zweite gedachte Zahl hinzu. Was kommt heraus?“

Monika rechnet: 9 · 2 = 18. 18 + 5 = 23. 23 · 5 = 115. 115 + 4 = 119 und teilt das Ergebnis mit.
Sie ziehen von dieser Zahl 25 ab: 119 - 25 = 94. Die zwei Ziffern dieser Zahl sind die beiden Zahlen, die sich Monika ausgedacht hat – sogar in der richtigen Reihenfolge.

Peter hat so gerechnet: 3 · 2 = 6. 6 + 5 = 11. 11 · 5 = 55. 55 + 6 = 61.
Sie ziehen im Kopf blitzschnell 25 von 61 ab und können dem staunenden Peter die 3 und die 6 nennen.

Ableitung: a sei die erste, b die zweite ausgedachte Zahl. Dann gilt:
$(2a + 5)5+b = 10a + b + 25$ für alle Zahlen von 1 bis 9.

Eine Ziffer streichen

9–10 ***Schreibutensilien, Merkzettel***

Auf einem kleinen Merkzettel notieren Sie:
Mehrziffrige Zahl Z; Quersumme Q; Z - Q; Ergebnis E; beliebige Ziffer x; E ohne x = a; Quersumme von a; x = die nächstgrößere durch 9 teilbare Zahl - a

Wieder stelle ich Ihnen ein Spiel vor, bei dem alle Schüler gleichzeitig mitmachen können. Jeder schreibt eine beliebige mehrziffrige Zahl (Z) auf einen Zettel, z.B. notiert sich Jens 13 665. Jetzt soll er von dieser Zahl die Quersumme (Q) ausrechnen:

1 + 3 + 6 + 6 + 5 = 21.
Die Quersumme zieht er von der notierten Zahl ab (Z - Q): 13 665 - 21 und erhält 13 644 (E).

Nun soll er von dem Ergebnis eine beliebige Ziffer x streichen. Jens streicht z.B. die 6.

Sie lassen sich von jedem Schüler die übrig gebliebene Zahl (a) nennen, z.B. nennt Jens 1344. Sofort können Sie dem verdutzten Jens die Ziffer nennen, die er gestrichen hat!

Erklärung: Sie brauchen nur die Quersumme der genannten Zahl bilden, also 1 + 3 + 4 + 4 = 12 und diese bis zur nächsten durch 9 teilbaren Zahl ergänzen: 12 + 6 = 18. Jens hat die 6 gestrichen.

Differenz erraten

8–10 ***Schreibutensilien, Merkzettel mit a b c, c b a, größere minus kleinere, erste Ziffer nennen, mittlere Ziffer 9, letzte Ziffer Ergänzung zu 9***

„Schreibe eine beliebige dreistellige Zahl auf, die aus drei verschiedenen Ziffern besteht. Jetzt schreibe in umgekehrter Reihenfolge dieselben Ziffern zu einer neuen Zahl auf und subtrahiere die kleinere von der größeren."
Clara hat sich 417 ausgedacht und stellt nach 714 um. Sie rechnet: 714 - 417 und erhält als Differenz 297. Clara nennt Ihnen nur die erste Ziffer (hier die 2) und schon teilen Sie ihr das ganze Ergebnis der Differenz mit.

Erklärung: Jede Subtraktion, die Sie nach oben beschriebenen Regeln ausführen, ergibt die Quersumme 18. Stets ist die mittlere Ziffer eine 9. Daraus folgt, dass die letzte Ziffer die Ergänzung der ersten Ziffer zu 9 ist. 2 + x = 9 und x = 7. Also lautet die Zahl 297!

Das Geheimnis der Kirchturmuhr

10 ***Tafelbild***

Eine Kirchturmuhr braucht eine halbe Minute, um sechs Uhr zu schlagen. Wie lange braucht sie, um zwölf Uhr zu schlagen?
Eine Minute ist die falsche Antwort, denn die Pausen zwischen den Schlägen brauchen ebenfalls Zeit. Wenn eine Schlagpause und ein Glockenschlag die gleiche Zeitspanne benötigen, dauert ein „Ereignis" 30 Sekunden: (6 Schläge + 5 Pausen = 2, 727 Sekunden. 23 Ereignisse (12 Schläge + 11 Pausen) brauchen dann 23 · 2,727 Sekunden = 62,7 Sekunden – also deutlich länger als eine Minute.

Winkelsumme im Dreieck

9–10 Tafelbild, Papier, Zeichenmaterial

Natürlich wissen die Schüler, dass die Winkelsumme in einem Dreieck 180° beträgt. Trotzdem macht es Spaß, das auch optisch zu beweisen. Die Schüler schneiden ein beliebiges Dreieck aus Papier aus und bezeichnen die Winkel mit α, β, γ (Bild 1). Dann reißen sie die drei Ecken ab und legen sie so aneinander, wie es die Abbildung (Tafelbild, Bild 2) zeigt.

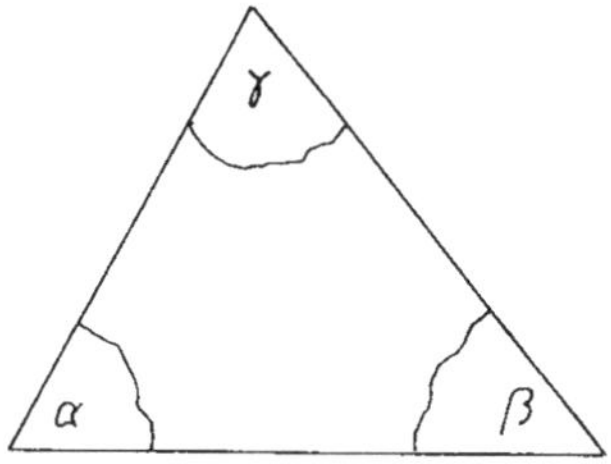

Bild 1

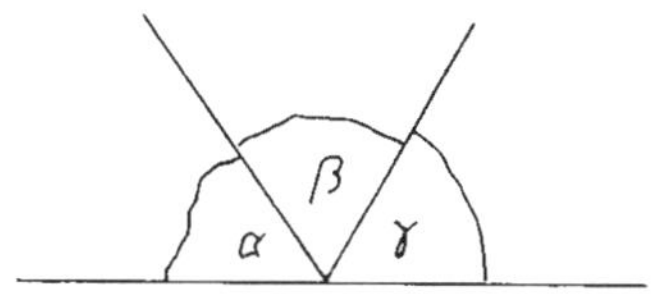

Bild 2

Die drei Schenkel der abgerissenen Ecken bilden eine Gerade – und somit einen Winkel von 180°. Damit ist bewiesen, dass die Winkelsumme im Dreieck 180° beträgt.

Die richtige Karte

9–10 Pappkarten, Sicherheitsnadeln

Erinnern Sie sich noch an die drei arbeitslosen Professoren aus dem ersten Band „Die Fundgrube für Vertretungsstunden"? Was ein Professor kann, können Ihre Schüler schon lange ...

Sie suchen sich vier Schüler A, B, C und D heraus und sagen: „Ich zeige euch hier vier schwarze und drei weiße Karten. Ich werde jetzt jedem von euch eine Karte auf den Rücken heften, aber ihr wisst nicht, ob es eine schwarze oder eine weiße ist. Ihr könnt herumgehen und die Karten auf dem Rücken der anderen Schüler anschauen. Wer mir als Erster sagen kann, welche Karte er selbst auf dem Rücken trägt, soll seine Hand heben."

Nun heften Sie jedem Schüler eine schwarze Karte auf den Rücken und legen die restlichen drei Karten verdeckt auf den Tisch. Die vier Kandidaten gehen herum und schauen sich die Karten der anderen an. Plötzlich hebt der Schüler D seine

Hand und sagt: „Meine Karte muss schwarz sein." – „Richtig gefolgert", sagen Sie, „aber jetzt begründe mir einmal, warum."

Lösung:
Nach dem ersten Herumgehen stellt D die (erste) Überlegung an: Wenn einer von uns drei weiße Karten sehen würde, wüsste er sofort, dass seine eigene schwarz ist. Er würde sich dann sofort melden. Da sich aber keiner meldet, können höchstens zwei, vielleicht eine oder gar keine weiße Karte im Spiel sein. Das wissen wir jetzt alle vier.
Die zweite Überlegung: Wenn einer von uns zwei weiße Karten sehen würde, wüsste er, dass seine eigene schwarz sein muss. Denn bei drei weißen Karten – der ersten Überlegung – hat sich ja niemand gemeldet. Aber wieder schweigen die drei anderen, also sind auch keine zwei weißen Karten im Spiel.
Die letzte Überlegung: Sähe einer von uns eine weiße Karte, so könnte er nun mit Sicherheit sagen, dass er selbst eine schwarze auf dem Rücken trägt. Aber auch das sagt niemand – also muss meine eigene Karte eine schwarze sein.

Erweiterung: Sie verteilen drei schwarze und eine weiße Karte. Kann auch jetzt ein Kandidat nach kurzer Überlegung sagen und begründen, welche Karte er trägt?

Ein Sack Zement

10 Tafelanschrieb

Ein Sack Zement wiegt 20 kg plus die Hälfte seines Gewichtes (besser: Masse). Wie schwer ist der Sack?

Lösung: Der Sack wiegt nicht 30 kg, sondern 40 kg! Nennen wir das Sack-Gewicht x. Dann lautet die Gleichung: $20 + \frac{1}{2}x = x \quad | -\frac{1}{2}x$; Seiten vertauschen

$$x - \frac{1}{2}x = 20$$

Nach x aufgelöst: $\frac{1}{2}x = 20$

$$x = 40$$

K.o.-System

10 Tafelanschrieb

Bei einem Tennisturnier nehmen 32 Spieler teil. Jeder Spieler, der ein Spiel verliert, scheidet aus. Wie viele Spiele müssen gespielt werden, bis der Sieger feststeht?

Lösung: 31 Spiele.

Vater und Sohn

9–10 Tafelanschrieb

Der Sohn ist 14 Jahre alt, der Vater ist dreimal älter. In wie viel Jahren wird der Vater nur noch doppelt so alt sein wie sein Sohn?

Lösung: In 14 Jahren. Dann ist der Sohn 28 und der Vater 56.
Ableitung: x sei die Zahl der gesuchten Jahre. Dann gilt:
$42 + x = 2(14 + x)$
$42 + x = 28 + 2x$
$x = 14$

Punkt und Komma

7–10 Tafelanschrieb

Was muss man zwischen die Zahlen 2 und 3 setzen, damit eine Zahl herauskommt, die größer als 2 aber kleiner als 3 ist?

Lösung: Ein Komma, nämlich 2,3.

Unglückszahl?

8–10 Tafelanschrieb

Zwei ganze Zahlen geben, miteinander malgenommen, genau 13. Wie heißen die beiden Zahlen?
Lösung: 1 und 13.

Drei Zahlenpyramiden

Erste Pyramide

7–10 Tafelbild, Schreibutensilien

$1 \cdot 8 + 1 =$
$12 \cdot 8 + 2 =$
$123 \cdot 8 + 3 =$
$1234 \cdot 8 + 4 =$
$12345 \cdot 8 + 5 =$
$123456 \cdot 8 + 6 =$
$1234567 \cdot 8 + 7 =$
$12345678 \cdot 8 + 8 =$
$123456789 \cdot 8 + 9 =$

Lösung: $1 \cdot 8 + 1 = 9$
$12 \cdot 8 + 2 = 98$
$123 \cdot 8 + 3 = 987$
$1234 \cdot 8 + 4 = 9876$
$12345 \cdot 8 + 5 = 98765$
$123456 \cdot 8 + 6 = 987654$
$1234567 \cdot 8 + 7 = 9876543$
$12345678 \cdot 8 + 8 = 98765432$
$123456789 \cdot 8 + 9 = 987654321$

Zweite Pyramide

7–10 Tafelbild

$3 \cdot 37 =$
$6 \cdot 37 =$
$9 \cdot 37 =$
$12 \cdot 37 =$
$15 \cdot 37 =$
$18 \cdot 37 =$
$21 \cdot 37 =$
$24 \cdot 37 =$
$27 \cdot 37 =$

Lösung:
$3 \cdot 37 = 111$
$6 \cdot 37 = 222$
$9 \cdot 37 = 333$
$12 \cdot 37 = 444$
$15 \cdot 37 = 555$
$18 \cdot 37 = 666$
$21 \cdot 37 = 777$
$24 \cdot 37 = 888$
$27 \cdot 37 = 999$

Dritte Pyramide

9–10 Tafelbild

a) 1 2 = 3
b) 1 2 3 = 4
c) 1 2 3 4 = 5
d) 1 2 3 4 5 = 6
e) 1 2 3 4 5 6 = 7
f) 1 2 3 4 5 6 7 = 8
g) 1 2 3 4 5 6 7 8 = 9
h) 1 2 3 4 5 6 7 8 9 = 10

Aus den Ziffern auf der linken Seite sollen mit den Rechenzeichen +, -, : und · solche Aufgaben gebildet werden, dass die Gleichungen stimmen. Dabei darf die 1 und 2 ggf. zu einer 12 zusammengefasst werden und es gilt: Punktrechnung geht vor Strichrechnung. Alles klar?

Lösung:

zu a) $1 + 2 = 3$.
zu b) $12 : 3 = 4$
zu c) $3 \cdot 4 = 12$ $12 : 2 = 6$ $6 - 1 = 5$
zu d) $2 \cdot 3 = 6$ $6 + 4 = 10$ $10 - 5 = 5$ $5 + 1 = 6$
zu e) $1 \cdot 4 = 4$ $4 \cdot 6 = 24$ $24 - 5 = 19$ $19 + 2 = 21$ $21 : 3 = 7$
zu f) $6 \cdot 7 = 42$ $42 - 5 = 37$ $37 - 3 = 34$ $34 - 2 = 32$ $32 \cdot 1 = 32$ $32 : 4 = 8$
zu g) $8 + 7 = 15$ $15 - 6 = 9$ $9 - 5 = 4$ $4 - 4 = 0$ $0 + 1 = 1$ $1 + 2 = 3$ $3 \cdot 3 = 9$
zu h) $9 + 8 = 17$ $17 + 7 = 24$ $24 + 6 = 30$ $30 : 5 = 6$ $6 - 4 = 2$ $2 + 3 = 5$ $5 \cdot 2 = 10$
$10 \cdot 1 = 10$

Teile und verblüffe

10 Tafelanschrieb

Teile die Zahl 150 in drei Teile, und zwar so, dass der zweite Teil dreimal so groß ist wie der erste und der dritte doppelt so groß wie der zweite.

Lösung: $x + 3x + 2 \cdot 3x = 150$

$$10x = 150$$
$$x = 15$$

Erster Teil 15, zweiter Teil 45, dritter Teil 90.

In rechter oder linker Hand?

6–10 5-Cent-Stück, 10-Cent-Stück

Die Schüler nehmen ein 5-Cent-Stück in die eine und ein 10-Cent-Stück in die andere Hand. „Ich sage euch, in welcher Hand sich welche Münze befindet. Ihr müsst nur ein paar Mal rechnen."
„Multipliziere den Zahlenwert der Münze, die sich in deiner rechten Hand befindet, mit einer ungeraden Zahl. Merke dir das Ergebnis. Dann multipliziere den Zahlenwert der Münze in deiner linken Hand mit einer geraden Zahl und merke dir auch dieses Ergebnis. Zähle beide Zahlen zusammen. Ist das Ergebnis gerade oder ungerade?"
Der Schüler nennt Ihnen die Zahl. Handelt es sich um eine gerade Zahl, befindet sich das 5-Cent-Stück in der linken Hand. Ist es eine ungerade Zahl, liegt das 5-Cent-Stück in der rechten Hand.
Beispiel: Fritz hält in der rechten Hand das 10-Cent-Stück und in der linken Hand die 5-Cent-Münze. Er wählt als ungerade Zahl die 13. $10 \cdot 13 = 130$. Für die linke Hand wählt er die gerade Zahl 4. $5 \cdot 4 = 20$. Beide Zahlen addiert, ergibt die Summe 150. Das ist eine gerade Zahl, also befindet sich das 5-Cent-Stück in der linken Hand.

Taschengeld

7–10 Taschenrechner

Sie „raten", wie viel Taschengeld jeder Schüler mit sich führt:

„Tippe den vollen Eurobetrag in deinen Taschenrechner ein. Multipliziere mit 10. Addiere 20. Nimm wieder mit 10 mal. Zähle 165 hinzu. Addiere den Betrag der Cents. Sage mir das Ergebnis und ich sage dir, wie viel Geld du im Portmonee hast."

Lösung:
Sie ziehen von dem genannten Betrag 365 ab. Die beiden ersten Stellen geben dann die Euro-, die beiden letzten die Centbeträge an.

Ein Beispiel:
Karl hat 12,35 Euro in der Tasche.
$12 \cdot 10 = 120$, $120 + 20 = 140$, $140 \cdot 10 = 1400$, $1400 + 165 = 1565$,
$1565 + 35 = 1600$, $1600 - 365 = 1235$.
Also 12 Euro und 35 Cent.

Konzentration: Wer erkennt das System?

9–10 Folie, evtl. Arbeitsblätter, Gruppenarbeit

Hier geht es wieder einmal um die Konzentrationsfähigkeit und um einen Tipp, wie man sein Zahlengedächtnis verbessern kann.
Sie fordern die Schüler auf, sich diese 32 Zahlen fünf Minuten lang aufmerksam anzuschauen und sich möglichst viele davon zu merken. Aber nur, wenn man ein System erkennt, ist man in der Lage, sich alle 32 zu merken. Wer findet das System? Die Schüler können sich ruhig Notizen machen – diese allerdings beim späteren Aufsagen nicht benutzen.

13	92	80	47
24	25	91	37
90	79	14	16
59	60	93	15
57	46	70	35
26	36	71	68
38	48	81	82
27	49	58	69

Nicht ganz einfach, aber ich habe die Erfahrung gemacht, dass in einer 10. Realschulklasse mindestens zwei Schüler auf Anhieb das System herausfinden. Und mit etwas Training schaffen es schließlich alle Schüler.

Lösung:
Es sind immer Vierergruppen von aufeinander folgenden Zahlen: 13, 14, 15, 16. Und die nächste Vierergruppe beginnt mit 13 + 11 = 24. Also 24, 25, 26, 27. Dann geht es weiter mit 24 + 11 = 35, 36 ...

Noch eine Übung?

51	40	29	75
99	79	31	33
24	58	56	97
62	53	77	93
22	47	60	88
95	42	44	81
90	20	38	35
86	84	49	26

Lösung:
Auch hier sind es Vierergruppen, bei der sich die einzelnen Zahlen immer um 2 unterscheiden: 53, 51, 49, 47. Die höchste Zahl ist 99 und von der nächsten Zahl – hier also der 97 – wird 7 subtrahiert. 90 ist die erste Zahl der zweiten Vierergruppe: 90, 88, 86, 84. Weiter geht es dann mit der 81, denn 88 - 7 = 81.

Lassen Sie die Schüler selbst Zahlensysteme erfinden. Sie werden überrascht sein, wie viel Spaß es ihnen macht.

Münzen verschieben

8–10 Münzen, OH-Projektor

Verschiedene Münzen werden Sie oder auch die Schüler mit sich führen. Wir brauchen sie in dieser Vertretungsstunde, in der die Kombinationsfähigkeit geschult wird. Um die Aufgaben allen Schülern gleichzeitig zu erklären, legen und verschieben Sie Ihre Münzen auf dem OH-Projektor. Alle Lösungen finden Sie nach der 8. Aufgabe (S. 92).

1. Aufgabe

Sechs Münzen liegen in einer Reihe. Nun verschiebe drei Münzen so, dass du drei Reihen zu je drei Münzen erhältst.

2. Aufgabe

Baue aus dieser Münzenpyramide eine Pyramide, die auf dem Kopf steht. Es dürfen aber nur **drei** Münzen bewegt werden.

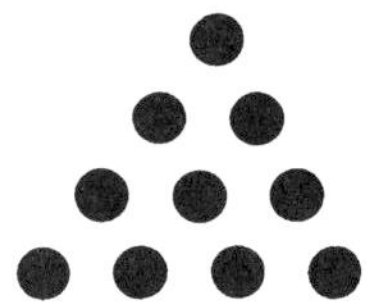

3. Aufgabe

Vor dir liegen neun Münzen, die insgesamt acht Dreierreihen bilden: senkrecht, waagerecht und diagonal (zur Erklärung legen Sie über die Münzen dünne Stäbchen, die acht Reihen darstellen sollen). Nun mache aus den acht Dreierreihen zehn Dreierreihen. Dabei darfst du aber nur vier Münzen verschieben.

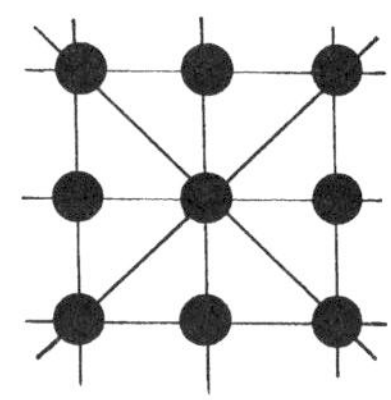

4. Aufgabe

Lege die acht Münzen auf vier Stapel. Dabei muss eine Münze in jedem Spielzug über zwei Münzen springen, bevor sie abgelegt wird. Die beiden Münzen, die übersprungen werden, können einzeln oder auch auf einem Stapel liegen.

5. Aufgabe

Vor dir liegen vier kleine und vier große Münzen in einer Reihe. Dabei wechseln sich immer eine große und eine kleine Münze miteinander ab. Ordne nun alle kleinen Münzen nach rechts und alle großen nach links (oder auch umgekehrt). Dabei müssen in einem Zug immer zwei nebeneinander liegende Münzen verschoben werden. Die Lage dieser beiden Münzen darf sich beim Ziehen nicht ändern. Und während du einen Zug ausführst, dürfen die anderen Münzen nicht verschoben werden. Schaffst du es in vier Zügen?

6. Aufgabe

Verschiebe zwei Münzen so, dass waagerecht und senkrecht in dem Münzenkreuz gleich viele Münzen liegen. Das Kreuz soll aber symmetrisch bleiben!

7. Aufgabe

Diese Aufgabe stellen Sie am besten als Hausaufgabe: „Vor dir liegen acht Stapel mit je drei Münzen. In jeder senkrechten (1 und 2) und waagerechten (3 und 4) Reihe befinden sich neun Münzen. Nimm nun in jeder der vier Reihen eine Münze weg. Es bleiben 20 Münzen übrig. Verteile nun die 20 Münzen so, dass nach wie vor in jeder der vier Reihen neun Münzen liegen.“

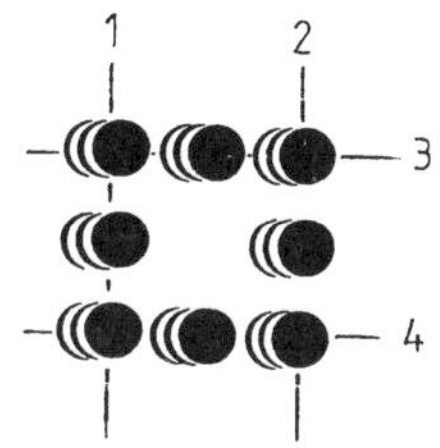

8. Aufgabe

Erinnern Sie sich noch an die Aufgabe mit den neun Punkten? Diese sollten Sie mit vier geraden, zusammenhängenden Strichen so verbinden, dass alle Punkte einmal berührt werden. Hier noch einmal die Lösung:

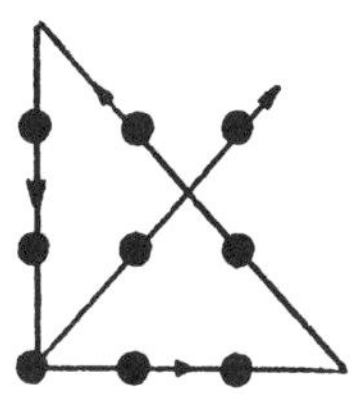

Sie sehen, dass man oft ungewöhnliche Wege einschlagen muss, um zu einer Lösung zu kommen. Ähnlich ist es mit dieser Aufgabe. Auch hier kommt man erst über eine ungewöhnliche Idee zur Lösung:

Hier liegen sechs Münzen. Eine davon darf man anfassen und auf einen anderen Platz legen. Und dann sollten in jeder Reihe vier Münzen liegen. Aber wie? Wer nach 3 Minuten noch keinen Einfall hat, sollte diese kleine Hilfe annehmen:

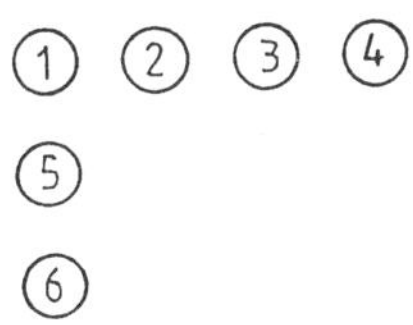

Man nehme die 4. Münze auf und lege sie ... na, wohin wohl?

Lösung zu Aufgabe 1:

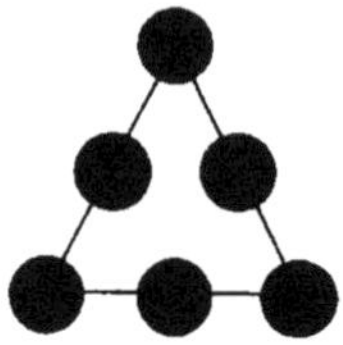

Lösung zu Aufgabe 2:

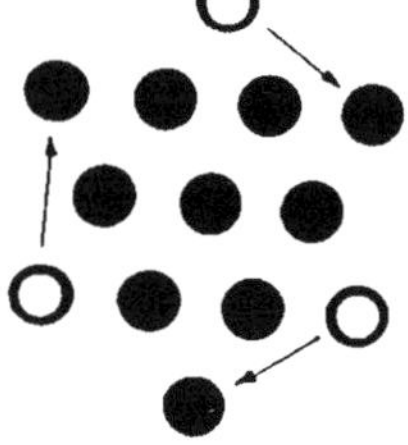

Lösung zu Aufgabe 3:

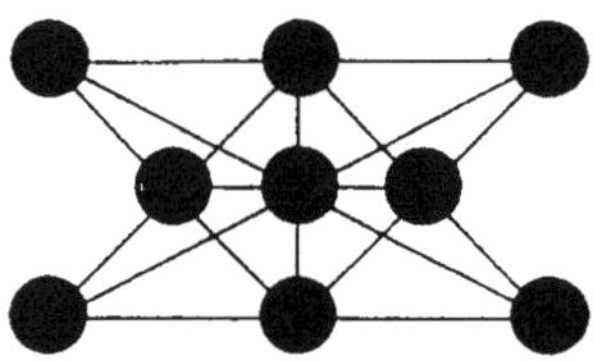

Lösung zu Aufgabe 4:

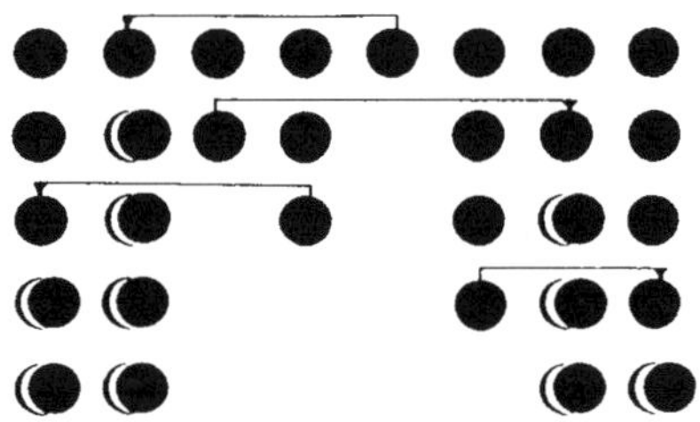

Lösung zu Aufgabe 5:

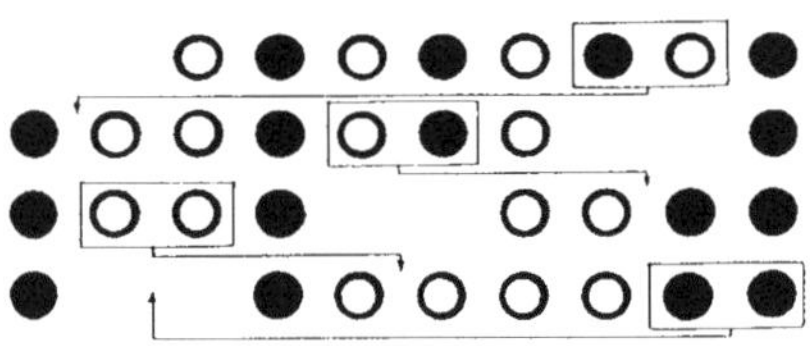

Lösung zu Aufgabe 6:

Lösung zu Aufgabe 7:

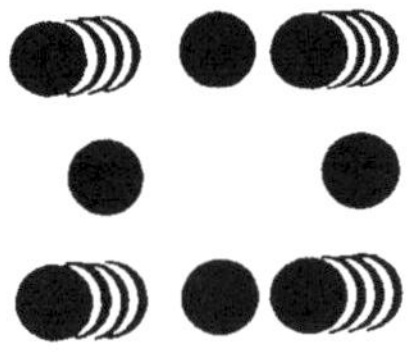

Lösung zu Aufgabe 8:
Die vierte Münze legt man auf die erste.

3. Deutschstunde

Puzzle

7–10 Schreibutensilien, Tafelanschrieb

Zuerst werden fünf Wörter genannt, die auf den ersten Blick untereinander keinerlei Beziehung haben: Einbruch, Mode, Fahrrad, Maus und Wolken. Nun hat jeder Schüler zehn Minuten Zeit, eine kurze, aber sinnvolle Geschichte aufzuschreiben, in denen alle diese Wörter vorkommen. Je origineller die Geschichte – umso besser. Dann lesen die Schüler ihre Geschichten vor:

„Hast du es schon in der Zeitung gelesen? In das Haus der Mode ist ein Einbruch verübt worden. Der Einbrecher hatte mühevoll den Tresor geknackt, aber dann fiel er aus allen Wolken. Denn im Tresor lag kein Schmuck oder Geld, sondern nur eine tote Maus. Enttäuscht machte er sich mit seinem Fahrrad davon."

Achten Sie einmal darauf, wer welche Geschichten schreibt. Die meisten Schüler haben ein Lieblingsthema, auf das sie immer wieder zurückkommen und in das sie die Wörter einbauen.

Schlagfertig

8–10 Jury

Mit einer aufgeweckten Klasse können Sie diese Variante spielen: Ein Schüler stellt sich vor die Klasse. Er ist der Moderator, dem Stichwörter zugerufen werden, aus denen er – möglichst ohne zu zögern – eine sinnvolle Geschichte bauen soll. Begrenzen Sie das Spiel auf höchstens zehn Stichworte. Sie geben das erste Stichwort, z.B. Blumenvase.

„Meine Mutter wünscht sich zum Geburtstag eine schöne Blumenvase." Der Moderator gibt das Zeichen, dass er auf das nächste Stichwort wartet.

Der erste Schüler ist an der Reihe und ruft: „Fahrrad."

„Wo könnte ich wohl eine schöne Vase günstig erwerben? Am Wochenende werde ich mit dem Fahrrad zur Stadthalle fahren. Dort ist Flohmarkt und vielleicht habe ich Glück."

Es geht weiter mit dem nächsten Schüler: „Abflussrohr."

Jetzt wird's schwierig. „Leider fiel der Flohmarkt aus, weil in der Nacht ein Abflussrohr geplatzt war und die Stadthalle unter Wasser stand."
usw. ...

Sie können eine Jury einsetzen, die Noten von 1 bis 6 vergibt. Die jeweils am häufigsten genannte Note zählt. Dann ist gleich der nächste Moderator an der Reihe.

Gemeinsamkeiten

8–10 Tafelbild, evtl. Arbeitsblatt, Gruppenarbeit

Was haben eine Zigarette und eine Banane gemeinsam? Antwort: Beide haben eine Hülle, sie haben eine längliche Form, man kann sie im Supermarkt kaufen ...

Der Lehrer schreibt Gegenstände und Begriffe an die Tafel und lässt die Schüler nach mehreren Gemeinsamkeiten suchen.

- Apfel und Frosch (belebte Natur, organisch, grün ...)
- Tinte und elektrischer Strom (beide fließen ...)
- Kloster und Zirkus (haben eine eigene Sozialordnung ...)
- Kamera und Bauchtanz (können ein Hobby sein ...)
- Computer und Apotheke
- Direktor und Skat
- Hahn und Leiter

Schwieriger ist die Suche nach Gemeinsamkeiten, wenn der Lehrer drei Begriffe vorgibt:

- Reiter, Flugzeug und Brille (alle drei werden getragen: Der Reiter wird vom Pferd getragen, das Flugzeug von der Luft und die Brille vom Menschen ...)
- Indianer, Verkehrsschild und Radieschen (denkt an die Farbe Rot ...)
- Bibel, Glühlampe und Krawatte

Wörtersuche

6–10 Tafelanschrieb, Schreibutensilien

Ein Schüler sagt nach alter Stadt/Land/Fluss-Methode laut „A“ und buchstabiert leise im Alphabet weiter, bis ein anderer Schüler „stopp“ sagt. Ist er schon früher bei „Z“ angelangt, geht es wieder bei „A“ weiter. Der Buchstabe, den der Aufsager gerade im Sinn hatte, wird genannt, z.B. „B“. Dann beginnt ein anderer Schüler bei „A“ und auf die gleiche Weise wird ein zweiter Buchstabe ermittelt, z.B. „K“. Der Lehrer schreibt beide Buchstaben an die Tafel.

Nun müssen alle Schüler in einer vorgegebenen Zeit möglichst viele (nicht zusammengesetzte) Hauptwörter mit diesen beiden Buchstaben aufschreiben. Dabei soll der zuerst genannte Buchstabe am Wortanfang stehen. Der zweite genannte Buchstabe kann an beliebiger Stelle stehen: Baracke, Balken, Balkan usw.

Varianten: Beide genannten Buchstaben können an beliebiger Stelle stehen. Oder es werden drei Buchstaben genannt (die auch doppelt oder dreifach vorkommen können).
Eine weitere Erhöhung des Schwierigkeitsgrades ist, die Reihenfolge der drei Buchstaben vorher festzulegen.

Sätze finden

7–10 Tafelanschrieb, Schreibutensilien, Jury

Kartoffel – Film – Häftling
Wenn ich das Wort „Kartoffel" höre, muss ich immer an einen Film denken, in dem der Häftling nur Kartoffelsuppe zu essen bekam.

Bleistift – Vater – Kino
„Hier hast du einen Bleistift", sagte Vater zu mir, „und schreibe bitte auf, in welches Kino du gehen willst."

Der Lehrer schreibt drei Begriffe an die Tafel. Die Schüler müssen die drei Wörter in einem sinnvollen Satz unterbringen. Später werden die Sätze vorgelesen und eine Jury vergibt Punkte.

Auto – Kamera – Sonne
Montag – Surfbrett – Angst
Wunsch – Salz – Krankenhaus
Sommerferien – Werkzeugkasten – Polizei
Büro – Mädchen – Geduld
Spanien – Leistung – Zukunft
Stadion – Milch – Computer
Zitrone – Telefon – Ordner
Mofa – Hut – Schach

Leistungsstarke Schüler können auch vier oder fünf vorgegebene Wörter in einem sinnvollen – und meist durch die Verknüpfung lustigen – Satz unterbringen.

Einige Möglichkeiten gebe ich Ihnen vor.

Schaukelstuhl – Fisch – Wasser – Arzt
Wunsch – Salz – Auto – Geduld
Beruf – Segeln – Modell – Angst
Irrtum – Feierabend – Katalog – Glauben

Mittag – Schlauch – Ärger – Boot – Kaktus
Freund – Zimmer – Flasche – Wurzel – Feuer
Nacht – Auge – Messer – Ausweis – Schraube

Konzentration: Wörter merken

6–10 Tafelbild, evtl. Folie

Sie schreiben in fünf Zeilen jeweils vier einfache Wörter an die Tafel (oder legen eine Folie auf den OH-Projektor). Die Schüler haben nun vier Minuten Zeit, sich diese Wörter einzuprägen. Dann klappen Sie die Tafel zu (oder schalten den Projektor aus). Die Schüler notieren nun alle Wörter, die sie behalten haben.

Apfel	Traum	Glück	Spiel
Besen	Irrtum	Rose	Auto
Dame	Murmel	Geist	Teller
Esel	Telefon	Hammer	Spinne
Fabrik	Ordner	Gift	Ampel

Sie werten das Ergebnis aus und teilen jedem Schüler seine Punktzahl mit. Jetzt erläutern Sie, wie jeder seine Merkfähigkeit verbessern kann. Man muss nur mit jeder Vierer-Wort-Gruppe einen Satz bilden – und wenn er noch so blödsinnig ist:

Es war ein Irrtum, gleichzeitig eine Rose und einen Besen mit ins Auto zu nehmen.

Oder: Im Geiste ließ die Dame eine Murmel über den Teller kreisen.

Oder: Nur ein Esel schlägt mit einem Hammer auf das Telefon, wenn er dort eine Spinne sieht.

Jetzt noch einmal mit dieser neuen Gedächtnishilfe: Merke dir wieder alle 20 Wörter!

Gabel	Spiel	Film	Frühling
Hund	Mülltonne	Zukunft	Soldat
Januar	Arzt	Pelz	Stempel
Kanal	Briefmarke	Fabrik	Schere
Lampe	Amerika	Fieber	Tinte

Vielleicht haben Ihre Schüler auch bemerkt, dass die ersten Wörter in jeder neuen Spalte dem Alphabet folgen? G, H, J, K und L? Das ist eine weitere Hilfe, sich systematisch Dinge einzuprägen. Auch braucht man sich nicht daran zu halten, Zeile für Zeile durchzugehen. Vielleicht lassen sich spaltenweise eher Sätze bilden?

Wer im Januar eine Gabel im Kanal verliert, braucht eine Lampe und einen Hund, um sie wieder zu finden.
Oder: In Amerika machen sich viele Ärzte ein Spiel daraus, auf Mülltonnen Briefmarken zu kleben.

Wieder werten Sie das Ergebnis aus und überrascht stellen die Schüler fest, wie sich ihre Merkfähigkeit spürbar verbessert hat. Gleich noch einmal zur Übung:

Mutter	Spaten	Bier	Übung
Natur	Zirkel	Pastor	Mond
Ofen	Kino	Teufel	Licht
Pinsel	Eifersucht	Stroh	Boot
Regen	Ärger	Studium	Glas

Aufsatzthemen*

5–10 *Tafelbild, Schreibutensilien*

Wenn Sie es sich einmal in einer Vertretungsstunde ganz gemütlich machen wollen, lassen Sie einfach einen Aufsatz schreiben. Und die fertigen Arbeiten legen Sie Ihrem Kollegen zur Korrektur ins Fach. Aber es sollten schon interessante Themen sein.

Tafelanschrieb: Schildere positive und negative Folgen. Was würde geschehen, wenn ...
a) ... außerirdische Lebewesen auf der Erde landen würden?
b) ... die Sonne allmählich aufhörte zu scheinen?
c) ... alle Menschen fliegen könnten?
d) ... alle Menschen unsterblich wären?
e) ... es fünf Jahre nicht regnen würde?
f) ... sich einige Menschen unsichtbar machen könnten?
g) ... die Temperatur auf der Erde um 10 Grad steigen würde?
h) ... alle Menschen Gedanken lesen könnten?
i) ... alle Autos verboten wären?
j) ... alle Menschen mit einem Mal bis zu drei Meter groß werden?

Suche und begründe Vorschläge, um das Problem zu lösen. Was müsste man tun, ...
a) ... um die Zerstörung unserer Umwelt aufzuhalten?
b) ... damit es weniger Verkehrstote gibt?
c) ... um die Überbevölkerung der Erde zu verhindern?
d) ... damit es in Zukunft keine Kriege mehr gibt?
e) ... um unsere Energieprobleme zu lösen?
f) ... damit es weniger Alkohol- und Drogenkranke gibt?
g) ... um die Arbeitslosigkeit abzuschaffen?
h) ... damit die Ernährung der Weltbevölkerung gesichert wird?
i) ... um die seelischen Fehlentwicklungen bei Kindern zu verhindern?
j) ... damit es weniger Ehescheidungen gibt?

* Themen teilweise aus H. Ertel: Trimm dich geistig fit. Humboldt Taschenbuch Verlag

Was wäre, wenn ...

9–10 Schreibmaterial oder Diskussion

Was würde geschehen, wenn ...
... alle Menschen die gleiche Sprache sprechen würden?
... es in Deutschland ein Jahr lang keinen elektrischen Strom gäbe?
... der Mensch nicht sterben müsste?
... das Geld abgeschafft würde?
... man nicht mehr arbeiten müsste?
... die Schulpflicht abgeschafft wird?

Meinungsäußerungen

5–8 (10?) Schreibmaterial, viele kleine durchnummerierte Zettel, Auswertung an der Tafel

Sie schreiben den ersten Satzanfang an die Tafel: Im Unterricht sollte unser Lehrer öfter mal ... Die Schüler schreiben den Satzanfang auf den ersten Zettel und ergänzen ihn, z.B. ... etwas Lustiges erzählen, damit wir mal lachen können. Dann werden die ersten Zettel eingesammelt. Jetzt schreiben Sie den nächsten Satzanfang an die Tafel: Mir gefällt an unserem Lehrer überhaupt nicht, dass er ... und die Schüler ergänzen den Satz auf dem Zettel Nr. 2, z.B.: ... so viel spricht und uns nicht richtig zuhört. Alle Zettel 2 werden eingesammelt.

Weitere mögliche Satzanfänge:
- Der schönste Tag in der Schule war für mich, als ...
- Zeugnisnoten sollte man abschaffen und dafür ...
- Wenn morgen Bundestagswahl wäre und ich dürfte wählen, würde ich ...
- Wenn ich drei Wochen frei hätte, würde ich ...
- An unserem Klassensprecher gefällt mir, dass ...
- In der nächsten SV-Stunde sollten wir ...
- Im Sportunterricht gefällt mir gar nicht, dass ...

Dann beginnt die Auswertung. Gleiche Aussagen werden zusammengefasst und je nach Häufigkeit geordnet. Auch abweichende oder vereinzelte Meinungen kommen zur Sprache. Evtl. genügt eine mündliche Auswertung, die schneller zur (notwendigen) Diskussion führt als zeitraubendes Addieren der Nennungen.

Oberbegriffe

7–10 Tafelbild, Schreibutensilien, Arbeitsblätter

Gesucht wird der passende Oberbegriff. Gegeben sind zwei Unterbegriffe (Arbeitsblatt 1) bzw. drei Unterbegriffe (Arbeitsblätter 2 und 3). Das dritte Arbeitsblatt ist für Fortgeschrittene gedacht. Die Lösungen finden Sie auf der Seite 105.

Arbeitsblatt 1: Gesucht wird der treffende Oberbegriff.

1 Eins – Hundert ______________________

2 Uhr – Thermometer ______________________

3 Tasse – Eimer ______________________

4 Kreuz – Wappen ______________________

5 Kreis – Quadrat ______________________

6 Hund – Schwein ______________________

7 Samen – Ei ______________________

8 Diamant – Zucker ______________________

9 Kamera – Brille ______________________

10 Zigarre – Likör ______________________

11 Ameise – Buche ______________________

12 Hunger – Durst ______________________

13 Zeitung – Radio ______________________

14 Kaffee – Milch ______________________

15 Skat – Fußball ______________________

16 Bronze – Messing ______________________

17 Mut – Ernst ______________________

18 Öl – Bier ______________________

Arbeitsblatt 2: Gesucht wird der treffende Oberbegriff.

1 Hammer – Zange – Hobel ______________________

2 Hemd – Hose – Rock ______________________

3 Montag – Dienstag – Mittwoch ______________________

4 Frühling – Sommer – Herbst ______________________

5 Vormittag – Nachmittag – Abend ______________________

6 Bier – Wein – Sekt ______________________

7 Schaufel – Rechen – Harke ______________________

8 Lotte – Susi – Uschi ______________________

9 Hut – Kappe – Mütze ______________________

10 Banane – Orange – Dattel ______________________

11 Haus – Hütte – Zelt ______________________

12 Weiler – Dorf – Stadt ______________________

13 Onkel – Neffe – Schwester ______________________

14 viele – wenige – einige ______________________

15 Arm – Bein – Kopf ______________________

16 Eisen – Blei – Kupfer ______________________

17 Motorrad – Auto – Lastwagen ______________________

18 Kohle – Gas – Elektrizität ______________________

Arbeitsblatt 3: Gesucht wird der treffende Oberbegriff.

1 Buch – Illustrierte – Zeitung ______________________

2 Lunge – Leber – Niere ______________________

3 Nase – Ohr – Auge ______________________

4 Sonne – Mond – Sterne ______________________

5 Aktentasche – Koffer – Glas ______________________

6 Klasse – Familie – Verein ______________________

7 Silber – Gold – Platin ______________________

8 Reh – Hirsch – Wapiti ______________________

9 Trompete – Fanfare – Flöte ______________________

10 Addition – Subtraktion – Division ______________________

11 Löwe – Tiger – Hai ______________________

12 Elefant – Nashorn – Nilpferd ______________________

13 Euro – Dollar – Pfund ______________________

14 Fluss – Bach – Teich ______________________

15 französisch – englisch – spanisch ______________________

16 Kirche – Dom – Synagoge ______________________

17 Elbe – Rhein – Donau ______________________

18 Fingerring – Perlenkette – Armband ______________________

Mögliche Lösungen zum Arbeitsblatt 1:

1 Zahl
2 Messgerät
3 Behälter
4 Symbol
5 Geometrische Form
6 Haustier
7 Element der Fortpflanzung
8 Kristall
9 Optisches Gerät
10 Genussmittel
11 Lebewesen
12 Bedürfnis
13 Nachrichtenmittel
14 Getränk
15 Spiel
16 Legierung
17 Charaktereigenschaft
18 Flüssigkeit

Mögliche Lösungen zum Arbeitsblatt 2:

1 Werkzeuge
2 Oberbekleidung
3 Wochentage
4 Jahreszeiten
5 Tageszeiten
6 alkoholische Getränke
7 Gartengeräte
8 Kurzform weiblicher Vornamen
9 Kopfbedeckungen
10 Südfrüchte
11 menschliche Behausungen
12 Ansiedlungen
13 Verwandtschaftsgrad
14 unbestimmte Zahlwörter
15 Körperteile
16 Metalle
17 Kraftfahrzeuge
18 Energieträger

Mögliche Lösungen zum Arbeitsblatt 3:

1 Druckerzeugnisse
2 innere Organe
3 Sinnesorgane
4 Himmelskörper
5 Behälter
6 Gemeinschaften
7 Edelmetalle
8 Rotwild
9 Blasinstrumente
10 Grundrechenarten
11 Raubtiere
12 Dickhäuter
13 Zahlungsmittel
14 Gewässer
15 Fremdsprachen
16 Gotteshäuser
17 deutsche Flüsse
18 Schmuck

Lücken füllen

8–10 Tafelanschrieb, evtl. Arbeitsblatt, Schreibutensilien

Der Lehrer schreibt diesen Text an die Tafel und lässt dabei die durchnummerierten Schlüsselwörter frei. Die Schüler schreiben die Lückenwörter untereinander auf. Dann schreiben sie den Text ab und ergänzen die Lücken.

Lernen – was bedeutet das?

Ein 1. __________ Reh wird geboren. Kaum ist es 2. ______ 3. _________ gekommen, erhebt es sich und macht 4. ______ 5. __________ 6. ________ ___ . Es kann 7. ________ . Die Technik des 8. __________ hat demnach unser kleines Reh nicht erlernt, sondern mit 9. _____ 10. _____ 11. ______ gebracht. Natürlich wird diese 12. ________ im Laufe seines 13. _________ noch wesentlich 14. _______________ . So lernt es mit der Zeit, Gräben und Zäune 15. ______ 16. ___________________. Aber das ändert nichts an der Tatsache, dass das 17. ____________________________________ angeboren ist. Es ist ein Instinktverhalten, das nicht 18. ____________ 19. ______________ 20. _______________ . So ist es im Tierreich. Verhaltensweisen müssen hier 21. ___________ 22. ____________ Teil nicht 23. _____________ werden, sie sind 24. __________________________ : Fische 25. _____________________ , Vögel 26. __________ Affen 27. __________ und Vierbeiner 28. __________ . Anders ist es beim 29. _________________ ! Natürlich 30. ________________ 31. _______ 32. ______ eine bestimmte Erstausstattung mit auf 33. ________ 34. ______ 35. _____________ . Er kann zum Beispiel schon saugen, weinen und strampeln. Alle anderen Verhaltensweisen muss er 36. _______________ 37. _______________ . Wir können also das 38. _____________ im weitesten Sinne als das 39. _________________________ von körperlichen und geistigen 40. _____________________________ und Können definieren.

Lösung:
In die Lücken sind einzusetzen: 1 kleines – 2 zur – 3 Welt – 4 die – 5 ersten – 6 Schritte – 7 laufen – 8 Laufens – 9 auf – 10 die – 11 Welt – 12 Technik – 13 Lebens – 14 verbessert – 15 zu – 16 überspringen – 17 Laufen – 18 gelernt – 19 werden – 20 muss – 21 zum – 22 großen – 23 erlernt – 24 angeboren – 25 schwimmen – 26 fliegen – 27 klettern – 28 laufen – 29 Menschen – 30 ist – 31 auch – 32 ihm – 33 den – 34 Weg – 35 gegeben – 36 erst – 37 erlernen – 38 Lernen – 39 Erwerben – 40 Verhaltensweisen.

Denke logisch oder: „Je höher, desto fällt er!“

8–10 Tafelbild, Schreibutensilien

Schreibe den Satz zu Ende. Denke aber daran, dass es eine sinnvolle und logische Feststellung sein muss. Vielleicht fallen dir auch mehrere Sätze ein?

1 Je größer der Hunger, desto ...
2 Je schneller die Fahrt, desto ...
3 Je modischer die Kleidung, desto ...
4 Je größer der Raum, desto ...
5 Je größer die Auswahl, desto ...
6 Je länger die Rede, desto ...
7 Je mehr Regen, desto ...
8 Je kälter der Winter, desto ...
9 Je höher man steigt, desto ...
10 Je mehr Schnee fällt, desto ...
11 Je mehr man lernt, desto ...
12 Je reicher der Wortschatz, desto ...
13 Je länger man arbeitet, desto ...
14 Je älter der Mensch, desto ...
15 Je größer die Leistung, desto ...
16 Je höher die Preise, desto ...
17 Je mehr man verdient, desto ...

Mögliche Ergänzungen:

1	... unwichtiger der Geschmack.	... geringer die Leistungsfähigkeit.
2	... kürzer die Fahrzeit.	... länger der Bremsweg.
3	... kurzlebiger ist sie.	... auffallender ist sie.
4	... größer das Fassungsvermögen.	

5	... schwieriger die Wahl.	... wahrscheinlicher findet man das Gesuchte.
6	... mehr wird ausgesagt. (?)	... gründlicher wird das Thema behandelt. (?)
7	... höher die Bodenfeuchtigkeit.	... höher der Pegelstand.
8	... dicker das Eis.	
9	... dünner die Atmosphäre.	
10	... mehr Schmelzwasser gibt es.	
11	... größer das Wissen. (?)	
12	... größer die Ausdrucksmöglichkeit.	
13	... höher ist der Lohn.	
14	... geringer ist seine Lebenserwartung	... mehr Lebenserfahrung hat er.
15	... höher die Wirksamkeit.	
16	... geringer die Kaufkraft des Geldes.	
17	... höher die Steuerpflicht.	

Variante: Die Schüler schreiben anstelle von sinnvollen Feststellungen absichtlich unlogische, witzige und sinnentstellende Ergänzungen auf.

Lüge oder Wahrheit?

10 Tafelanschrieb

Fritz sagt: „Gerd lügt.“
Gerd sagt: „Hans lügt.“
Hans sagt: „Fritz und Gerd lügen.“
Wer sagt die Wahrheit: Fritz, Gerd oder Hans?

Gerd sagt die Wahrheit. Aber warum?
Antwort: Wenn Gerd die Wahrheit sagt, stimmt die Aussage von Hans („Gerd lügt.“) nicht, und auch Fritz hat nicht Recht.
Gegenprobe: Wenn die Aussage von Fritz wahr wäre, dann hätte Gerd gelogen. Folglich hätte Hans die Wahrheit gesagt; die aber besagt, dass Fritz und Gerd lügen.
Hätte Hans aber die Wahrheit gesagt, so ergäbe sich, dass Fritz lügt. Und damit hätte dann Gerd die Wahrheit gesagt, nämlich dass Hans lügt.

Wer kann mit seinen eigenen Worten die Antwort wiederholen?

Paradox

10 ***Tafelanschrieb***

Ich stelle Ihnen eine Vertretungsstunde vor, die von den Schülern eine gewisse kognitive Beweglichkeit abverlangt und (hoffentlich auch Ihnen) trotzdem Spaß bereitet. Als Sozialform bietet sich Gruppenarbeit an – denn die besten Ideen hat man bekanntlich im lockeren Gespräch.

Paradox ist, wenn ein Patient ein volles Wartezimmer betritt und sagt: „Wenn es hier immer so voll ist, kommt bald niemand mehr."

Lassen Sie die Schüler selbst Aussagen erfinden, die einen Widerspruch in sich enthalten, etwa nach dem Muster:
Paradox ist, wenn ein Förster keine Schonung kennt!
Paradox ist, wenn ein aufgewecktes Kind schläft.
Paradox ist, wenn einer eine randlose Brille mit Fassung trägt.
Paradox ist, wenn ein Boxer einen Sieg erringt.

Elf Finger und elf Gäste

8–10 ***Arbeitsblatt***

Heute sollen die Schüler einige Widersprüche auflösen. Sie zeigen beide Hände und behaupten: „Ich habe elf Finger."
Sie heben die rechte Hand, spreizen erst den Daumen ab, dann den Zeigefinger, den Mittelfinger usw. und zählen: „Das ist der zehnte, der neunte, der achte, der siebte, der kleine ist der sechste Finger – weniger fünf Finger der linken Hand = ein Finger."
„Diskutiert und sucht den Fehler."

Etwas schwieriger zu lösen, aber noch lustiger, ist folgende rätselhafte Geschichte (s. S. 110), die Sie vorher auf ein Arbeitsblatt kopiert haben. Um ein problemloses Kopieren zu gewährleisten, sei die Lösung vorweggenommen.

Lösung:
Nicht etwa der elfte, sondern der zweite Gast muss sich den ersten Stuhl mit dem ersten Gast teilen. Und dann sieht die Rechnung schon ganz anders aus: Der zehnte Gast nimmt auf dem neunten Stuhl Platz und der elfte Gast besetzt den zehnten Stuhl. Der erste und der zweite Gast müssen sich wohl oder übel weiterhin mit dem halben Stuhl begnügen.

Zu Besuch kommen elf Gäste, obwohl nur zehn eingeladen sind. Der Gastgeber ist ratlos, denn der Tisch ist nur für zehn Personen gedeckt und eine weitere Sitzgelegenheit ist nicht vorhanden. Doch die kluge Hausfrau findet eine Lösung:
Sie bittet zwei der Gäste, vorläufig auf dem ersten Stuhl Platz zu nehmen. Auf den zweiten Stuhl setzt sie den dritten Gast, auf dem dritten Stuhl nimmt der vierte Platz, auf dem fünften der sechste usw. Schließlich setzt sich der zehnte Gast auf den neunten Stuhl. Noch frei ist der zehnte Stuhl und auf den setzt sich nun der elfte Gast, der sich vorübergehend mit dem ersten Gast einen Stuhl geteilt hat.

Das geht doch wohl nicht mit rechten Dingen zu. Aber wo ist der Fehler versteckt?

Mein Tipp: Lassen Sie in Gruppenarbeit nach der Lösung suchen. Geben Sie jeder Gruppe den kopierten Text.

Wenn es die Zeit erlaubt, sollen die Schüler den Text so ändern, dass das Rätsel zwar bestehen bleibt, aber die Handlung eine andere ist.

Logik oder Paradoxon?

9–10 Vorlesen, evtl. Tafelanschrieb

„Alle Regeln haben Ausnahmen." Das ist doch wohl eine richtige Aussage. Aber bedeutet das nicht zugleich, dass es Regeln gibt, für die es *keine* Ausnahmen gibt?

Selbstverständlich. Wenn es eine Regel ist, dass alle Regeln Ausnahmen haben, hat auch die Aussage: „Alle Regeln haben Ausnahmen" Ausnahmen. Also gibt es Regeln ohne Ausnahmen. Alles klar – oder?

Beschäftigungstherapie

5–10 Tafelbild, Schreibutensilien

Hin und wieder kommt es vor, dass Sie unvorbereitet in die nächste Stunde gehen müssen. Oder Sie brauchen ganz einfach eine kleine Erholung. Lehnen Sie sich zurück und lassen Sie die Schüler arbeiten – natürlich sinnvoll und kreativ.

1. Vorsilben

„Mit jeder Vorsilbe sollst du mindestens 10 Wörter bilden. Ein Nachschlagewerk darf diesmal nicht benutzt werden.“

Unter	Ober	Nach	Voll
Her	Ent	Per	Hin
Pro	Mit	Ex	Ur
Ab	Über	Un	In
Zu	An	Ge	Um
Be	Ver	Aus	Zer
Vor	Ein	Auf	Bei

2. Sätze bilden

„Bilde mit den Anfangsbuchstaben sinnvolle, vollständige Sätze. Vornamen dürfen nicht benutzt werden und die Reihenfolge der Buchstaben darf nicht verändert werden.“

1.	D	S	I	U			Beispiel: Der Schlauch ist undicht.
2.	P	S	K	L			
3.	W	N	I	R			
4.	K	E	F	R	R		
5.	O	M	L	A	A		
6.	D	A	B	V	N		
7.	R	U	F	O	N		
8.	W	G	W	I	D	S	
9.	I	W	L	U	D	F	

Variante: Die Reihenfolge der Buchstaben ist beliebig. Beispiel zu 1.: Unser Sohn ist drei.

3. Sprichwörter

„Du sollst Dir eine Geschichte ausdenken, die mit einem Sprichwort endet. Die Handlung deiner Geschichte muss natürlich mit dem Sprichwort einen Sinn ergeben.“

Aus Schaden wird man klug.
Was Hänschen nicht lernt, lernt Hans nimmermehr.
Was du heute kannst besorgen, das verschiebe nicht auf morgen.
Wer zuletzt lacht, lacht am besten.
Steter Tropfen höhlt den Stein.
Lügen haben kurze Beine.
Man soll den Tag nicht vor dem Abend loben.
Es ist nicht alles Gold, was glänzt.
Wer andern eine Grube gräbt, fällt selbst hinein.
Ohne Fleiß kein Preis.
Hunger ist der beste Koch.
Ein Fuchs geht nur einmal in die Falle.
Viele Streiche fällen eine Eiche.

Beispiel: Wer andern eine Grube gräbt, ...
Thomas will seinen Mitschülern einen Streich spielen. Er befestigt einen mit Wasser gefüllten Luftballon über der Tür zum Klassenraum. Der Erste, der nach der Pause den Raum betritt – so denkt Thomas – wird den Ballon zum Platzen bringen und fürchterlich nass werden. Was für ein Spaß!
Mit Spannung erwartet er die Pausenglocke. Endlich schellt es. Er darf den Anblick auf keinen Fall verpassen! Er rennt zum Klassenraum, öffnet die Tür und „platsch!" platzt der Ballon über seinem Kopf. In diesem Moment kommen seine Mitschüler zum Unterricht, sehen Thomas und müssen schrecklich lachen. Thomas sieht aus wie ein nasser Pudel! „Das alte Sprichwort hat wohl doch Recht", denkt Thomas und wringt seinen Pullover aus: „Wer anderen eine Grube gräbt, fällt selbst hinein!"

Zwei Dinge gleichzeitig

7–10 Vorlesen, Schreibutensilien

„Ich lese euch jetzt eine kurze Geschichte vor. Ihr müsst mitzählen, wie viele Wörter mit b und wie viele mit w anfangen. Am besten ist es, wenn ihr eine Strichliste macht. Außerdem sollt ihr die Geschichte nacherzählen."

Sie lesen langsam vor:

Zwei Dickköpfe begegneten sich einmal auf einem schmalen Steg, der über einen Bach führte. Beide konnten den Bach nicht gleichzeitig überqueren, einer musste dem anderen den Weg freigeben und warten. Die beiden stritten sich, wer zuerst hinübergehen dürfe. Sie stießen sich heftig mit den Köpfen und ihre Hörner prallten aufeinander. Sie stemmten ihre dünnen Beine gegen den Steg und rauften miteinander. Der Steg aber war feucht. Die beiden Dickköpfe rutschten aus und stürzten ins Wasser. (aus CVK-Sprachbuch 4, S. 59)

Lösung: 6 b und 5 w
Mit anderen Texten und einer neuen Wahl von Buchstaben (oder Wortanfängen) kann dieses Spiel beliebig oft genutzt werden.

Ohne Punkt und Komma

7–10 Folie, Schreibutensilien

Sie haben Texte ohne Zeichensetzung und Lücken in Großbuchstaben auf eine Folie geschrieben und projiziert. Lassen Sie einen Schüler den Text laut vorlesen.

ALSDERLIEBEGOTTDENKAUFMANNGESCHAFFENHATTEFRAGTE
ERIHNNACHSEINENWÜNSCHENICHWÜNSCHEMIRWARDIEANTWO
RTEINSCHÖNESGESCHÄFTINDEMICHSCHÖNEGESCHÄFTEMACHE
NKANNUNDJEDESJAHREINFESTANDEMICHBESONDERSGUTEGES
CHÄFTEMACHENKANNDASCHUFGOTTDASWEIHNACHTSFESTDAB
ATIHNDERKAUFMANNDASGESCHÄFTEINZUWEIHENUNDGOTTWA
NDELTEDURCHDENLADENUNDFREUTESICHÜBERDIESCHÖNENAN
GEBOTEUNDSONDERANGEBOTESCHLIESSLICHNAHMEREINMAR
ZIPANSCHWEINUNDASSESSEHRGUTLOBTEERNOCHEINENWUNSC
H2,35EUROSAGTEDERKAUFMANN

Jetzt lassen Sie den Text von allen Schülern in richtiger Schreibweise mit allen Zeichen und Absätzen abschreiben.

ALS DER LIEBE GOTT DEN KAUFMANN GESCHAFFEN HATTE, FRAGTE ER IHN NACH SEINEN WÜNSCHEN: „ICH WÜNSCHE MIR“, WAR DIE ANTWORT, „EIN SCHÖNES GESCHÄFT, IN DEM ICH SCHÖNE GESCHÄFTE MACHEN KANN, UND JEDES JAHR EIN FEST, AN DEM ICH BESONDERS GUTE GESCHÄFTE MACHEN KANN.“ DA SCHUF GOTT DAS WEIHNACHTSFEST.
DA BAT IHN DER KAUFMANN, DAS GESCHÄFT EINZUWEIHEN. UND GOTT WANDELTE DURCH DEN LADEN UND FREUTE SICH ÜBER DIE SCHÖNEN ANGEBOTE UND SONDERANGEBOTE. SCHLIESSLICH NAHM ER EIN MARZIPANSCHWEIN UND ASS ES. „SEHR GUT“, LOBTE ER, „NOCH EINEN WUNSCH?“ „2,35 EURO!“, SAGTE DER KAUFMANN.

Gliederungen

(7?) 8–10 Arbeitsblätter

Sie verteilen ein Arbeitsblatt mit diesem Gliederungsschema:

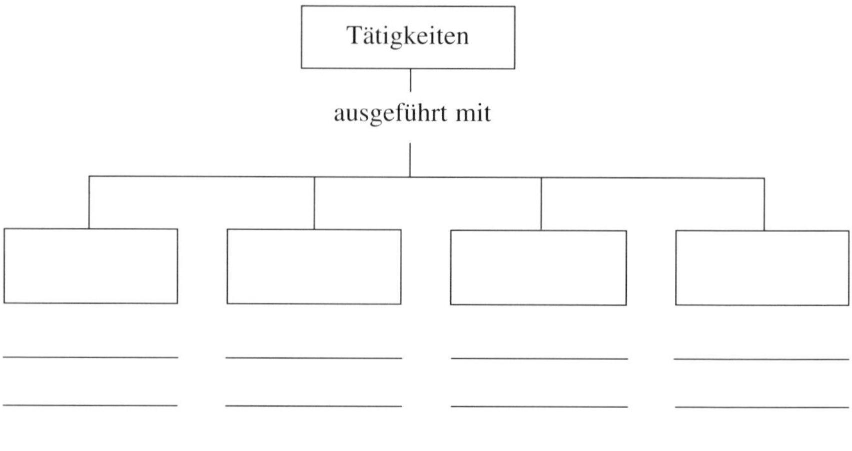

Die folgenden Verben sollen in das Gliederungsschema eingetragen werden: greifen, lauschen, halten, hüpfen, sprechen, hören, flüstern, schreiben, laufen, schmecken, vernehmen, springen. In die Überschriftsfelder kommen: dem Mund, den Ohren, den Händen, den Füßen. Sie besprechen mit den Schülern die Lösung.

Lösung:

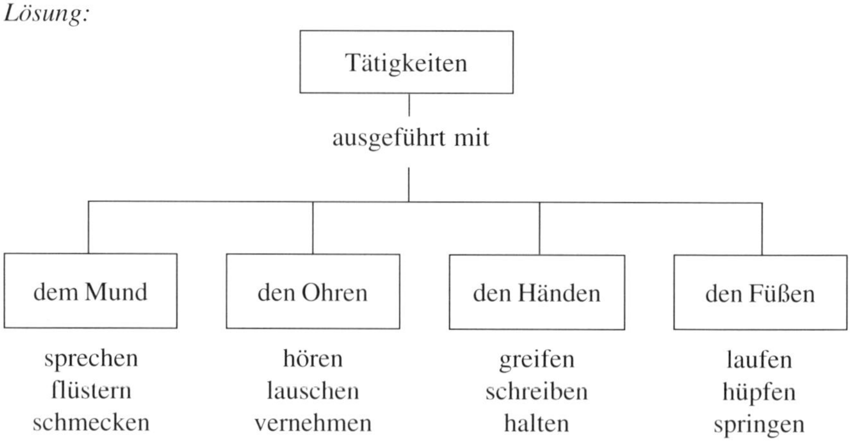

Die nächste Gliederungsaufgabe ist schon etwas schwieriger: Ordne die folgenden Begriffe in das Gliederungsschema ein:
Kuh, Löwe, Meise, Papagei, Hase, Elefant, Amsel, Kondor, Hund, Nashorn, Lerche, Flamingo. Trage in die Überschriftsfelder folgende Wörter ein: Tiere, Vierbeiner, Vögel, außereuropäische Tiere, europäische Tiere.

Lösung:

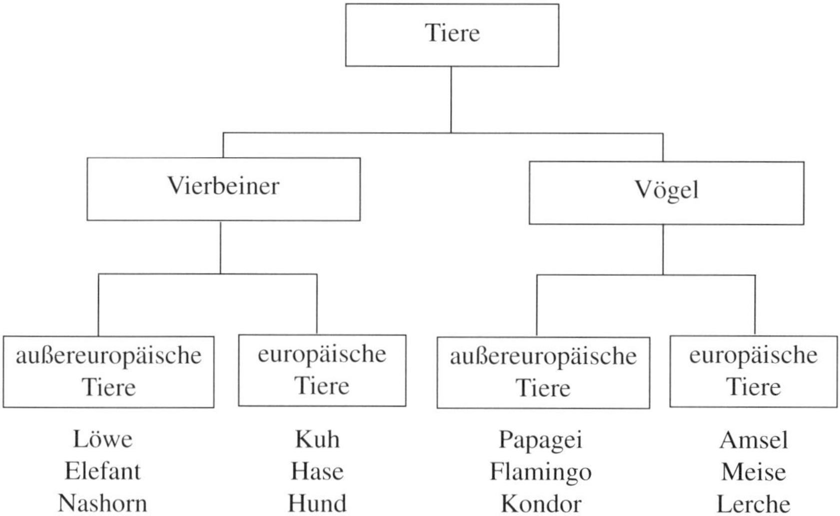

Wieder etwas schwieriger ist das folgende Gliederungsschema. Diesmal müssen die Schüler die passenden Oberbegriffe selbst finden und in die entsprechenden Überschriftenfelder einsetzen. Die Begriffe sind:

Auto, Fahrrad, Motorrad, Kahn, Passagierschiff, Zug, Unterseeboot, Schubkarren, Faltboot, Frachtschiff, Kanu, Handwagen. (Lösung S. 117)

Auch das nächste Gliederungsschema hat es in sich. Es wird der Oberbegriff vorgegeben. Er heißt: Ballspiele. Dieser Begriff soll in drei Hauptgruppen unterteilt werden. Jede Hauptgruppe wiederum beinhaltet jeweils drei Ballspiele. Eine mögliche Lösung finden Sie auf Seite 116.

Stelle selbst ein Gliederungsschema für Ballspiele auf!

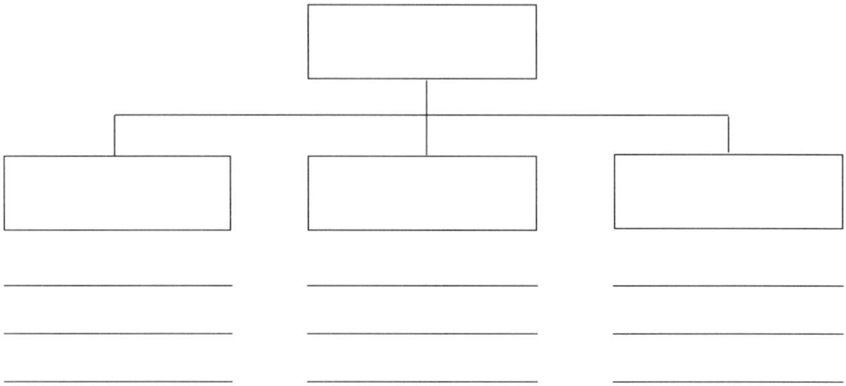

Mögliche Lösung:

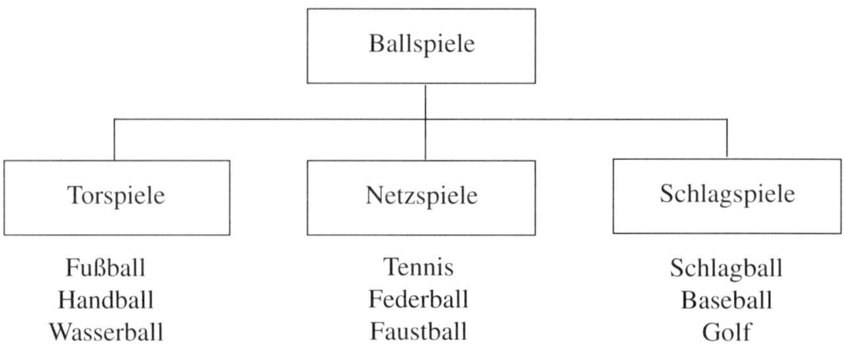

Jetzt fällt es den Schülern leicht fortzufahren. Sie stellen eine Gliederung folgender Sportarten auf:

Tennis, Diskuswerfen, Fußball, Boxen, Hochsprung, Handball, Kugelstoßen, Ringen, Speerwerfen, Weitsprung, Hockey, Stabhochsprung. Die Schüler suchen selbst die entsprechenden Oberbegriffe! (Lösung S. 117)

Was sich noch eignet, untergliedert zu werden: Berufe, Städte, Automarken, Werkzeuge, Musikinstrumente, Hobbys ...

Lösung:

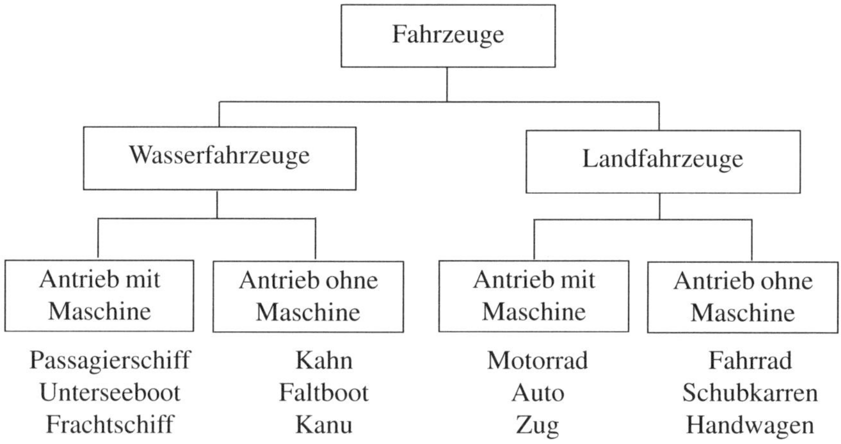

Mögliche Lösung:

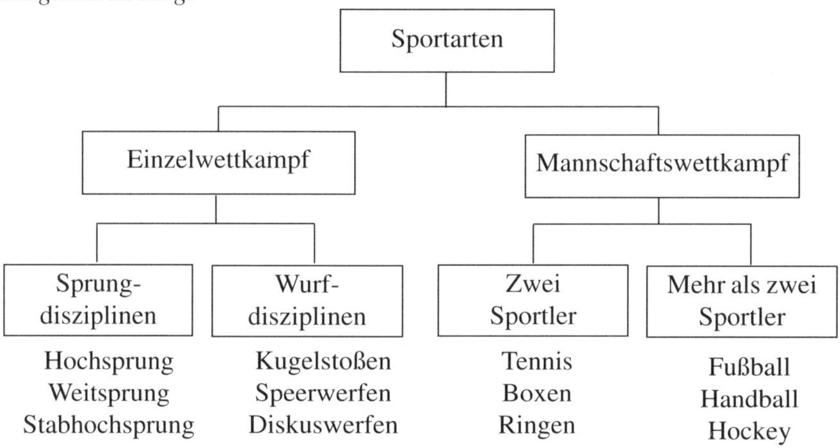

Vom Wortverdreher zum Patentamt

6 – 10 Tafelanschrieb, Schreibutensilien

Die Schüler rufen Ihnen zusammengesetzte Hauptwörter zu. Sie entscheiden, welche geeignet sind und schreiben diese an die Tafel: Zuckerbäcker, Ofenrohr, Kanalarbeiter, Bademeister, Krankenschwester, Zitronenfalter, Weihnachtsmann, Hosenträger, Seifenschaum ...

Jetzt werden die Hauptwörter zerlegt und neue Wortgebilde geschaffen: Zuckerschwester, Krankenrohr, Kanalfalter, Weihnachtsschaum ... Das ist schon lustig genug, aber das eigentliche Spiel beginnt erst jetzt: Die Schüler müssen möglichst originelle Beschreibungen für die neuen Wortschöpfungen aufschreiben (in der Klasse 6 und 7 evtl. nur mündlich). Der Kreativität sind keine Grenzen gesetzt:

Zuckerschwester: Eine Krankenschwester, die den Patienten den Zucker für den Morgenkaffee ans Bett bringt.
Krankenrohr: Durch ein so genanntes Krankenrohr unterhält sich der Besucher mit dem Kranken, um nicht von ihm angesteckt zu werden.
Weihnachtsschaum: Ein schneebedeckter Weihnachtsbaum ist der letzte Hit. Aus der Sprühdose wird weißer Weihnachtsschaum auf die Zweige gespritzt. Gleichzeitig könnte mit diesem Schaum auch ein Zimmerbrand gelöscht werden.
Kanalfalter: Ein Kanalfalter erspart der Gemeinde viele Ausgaben. Bevor eine Straße aufgerissen wird, kommt der Kanalfalter und faltet die Kanalrohre zusammen. Nun kann der Bagger ungestört buddeln.

Bademeister

5–7 Tafelanschrieb, Schreibutensilien

Mit diesem Spiel haben schon Generationen von Lehrern Vertretungsstunden erfolgreich überbrückt. Sie schrieben ein möglichst langes Hauptwort und einen Bezugsbegriff an die Tafel, z.B. Bademeister – Tiere. Nun müssen die Schüler mit allen Buchstaben, die im Wort Bademeister vorkommen, Tiernamen aufschreiben. Kommt ein Buchstabe mehrfach vor, wie hier das E, müssen entsprechend viele unterschiedliche Tiere genannt werden.

Biber – Adler – Dachs – Eber – Maus – Elch – Igel – Star – Taube – Engerling – Rabe

In der Zwischenzeit schreiben Sie das nächste Wort und einen anderen Bezugsbegriff an die Tafel: Schornstein – deutsche Städte.

Sonthofen – Celle – Hannover – Oldenburg – Regensburg – Nürnberg – Stralsund – Tauberbischofsheim – Essen – Ingolstadt – Northeim

Weitere Beispiele: Wohnheim – Pflanzen, Krankenhaus – Nahrungsmittel, Strohmann – berühmte Persönlichkeiten, Mittelschule – Vornamen.

Wörter verstecken

6–10 Kärtchen, Schreibutensilien, evtl. Tafelanschrieb

Sie haben 60 kleine Kärtchen angefertigt (ein wenig Aufwand mit großem Nutzen). Auf jedem Kärtchen steht ein Substantiv (Hauptwort), aber keine Vornamen. Je nach Teilnehmerzahl zieht jeder Schüler zwei bis drei Kärtchen. Nun sollen die Schüler eine kurze Geschichte schreiben, in der die zwei Hauptwörter vorkommen, aber beim Vorlesen nicht von den Zuhörern sofort zu erkennen sind. Die Geschichte sollte aus nicht mehr als fünf Sätzen bestehen.
Dann beginnt das Ratespiel. Der erste Schüler liest seine Geschichte vor – aber ganz langsam, denn alle anderen Schüler sollen jetzt herausfinden, welche beiden Hauptwörter in den Text eingearbeitet wurden. Während der Schüler seine Geschichte vorträgt, können die Zuhörer Notizen machen, müssen sich aber am Ende auf zwei Hauptwörter festlegen. Diese beiden Wörter werden unterstrichen oder anderweitig kenntlich gemacht.
Wenn sich alle entschieden haben, verrät der Schüler die beiden Wörter. Sie gehen herum, schauen auf die markierten Wörter und vergeben 2, 1 oder 0 Punkte. Dann liest der nächste Schüler seine Geschichte vor und das Spiel beginnt von neuem.

Es kommt also darauf an, die beiden Schlüsselwörter so geschickt in den Text einzubauen, dass die Zuhörer sie nicht auf den ersten Blick erkennen. Zur Täuschung kann man ähnliche Wörter einbauen und so eine falsche Spur legen.

Beispiel: Schüler A zieht zwei Kärtchen mit den Wörtern *Clown* und *Durst*. Seine Geschichte:
Schon lange freuen sich die Kinder aus dem Kindergarten „Adlerhorst" auf den Zirkus Krone. Endlich ist es so weit und alle schauen gebannt in die Manege. Erst tritt ein Artist auf, der auf seiner Hand einen riesigen Kochlöffel balanciert, und dann ein *Clown*, der vor lauter *Durst* ein kleines Schwimmbecken austrinkt. Das werden alle nicht so schnell vergessen.

Geeignete Wörter für die Kärtchen:
Parfüm, Adler, Geizhals, Angsthase, Apfelsine, Bettler, Schriftsteller, Dieb, Feigling, Zeugnis, Predigt, Abenteuer, Mars, Traum, Reinfall, Strafe, Schlittschuhe, Genuss, Kotelett, Brille, Genick, Lehrer, Schlange, Torte, Seilbahn, Kino, Husten, Petersilie, Spucke, Rose, Soldat, Flasche, Lampe, Erde, Geld, Haare, Theater, Bett, Uhr, Stadt, Alkohol, Geschäft, Rücken, Mauer, Stein, Flasche, Gebiss, Deutschland, Bäcker, Telefon, Vogel, Kastanie, Straße, Schornstein, Fabrik, Teufel, Meer, Sturm, Regierung, Messer, Familie, Wartezimmer, Löwe, Ausweis, Zigarette, Schnürsenkel, Ofen, Gedicht, Feuer, Maschine.

Wenn Sie genügend Zeit zur Verfügung haben, lassen Sie die Kurzgeschichte an die Tafel schreiben. Jetzt können die Schüler in Ruhe darüber diskutieren, welche beiden Hauptwörter versteckt wurden.

Gemeinsamkeiten

7–10 Tafelanschrieb, Schreibutensilien

Was ist zugleich gelb und beweglich? Denke dir möglichst viele Antworten aus! Gelb und beweglich ist z. B. ein Postauto, ein Zitronenfalter, vielleicht auch die Sonne?

Was ist zugleich ...

1. ... schwarz und weiß?
2. ... dünn und lang?
3. ... groß und schwer?
4. ... warm und weich?
5. ... zahm und lustig?
6. ... dick und stark?
7. ... zart und klein?
8. ... flach und hart?
9. ... beweglich und rund?
10. ... teuer und dauerhaft?
11. ... viereckig und klebrig?
12. ... gelb und trinkbar?

Einige Lösungen:

1. Schachbrett, Zebra, Schornsteinfeger
2. Zeigestock, Seil
3. Elefant, Panzer
4. Wolldecke, Schaf
5. Hund, Affe
6. Ringer, Bulle
7. Baby, Pflänzchen
8. Feile, Diskus
9. Reifen, Fußball
10. Mountainbike, Mercedes
11. Briefmarke
12. Limonade, Eierlikör, Orangensaft

Lassen Sie von den folgenden Eigenschaftswörtern Paare bilden und nach Gemeinsamkeiten suchen: gelb, klein, teuer, beweglich, nützlich, schwer, trinkbar, elastisch, rund, wertvoll, kurz, hart ...

Wollen Sie das Spiel umkehren? Dann geben Sie Hauptwörter vor und lassen die Schüler nach unterschiedlichen Eigenschaften suchen. Ein Sportwagen ist zugleich klein, spritzig, schnell und teuer. Ein Computer ist hilfreich und kompliziert. Ein Tischtennisball ist weiß, klein, rund und brennbar.

Informationen verarbeiten

8–10 ***Kopie, Arbeitsblatt, evtl. Tafelanschrieb***

In fast jeder Tageszeitung finden Sie eine Rubrik mit „Kurzinformationen" aus aller Welt. Hier sind auf engem Raum und mit wenigen Worten Tagesthemen für den eiligen Leser abgedruckt. Die Informationsdichte dieser Kurzmeldungen ist enorm. Testen Sie die Fähigkeit Ihrer Schüler, wie sie diese Informationsflut speichern und wiedergeben können. Und geben Sie nach der Auswertung Tipps und Hinweise, wie man die Merkfähigkeit verbessern kann.

Sie kopieren aus der Tageszeitung die Rubrik mit den Kurzmeldungen und geben jedem Schüler eine Kopie zum Lesen. Nach einer vereinbarten Zeit sammeln Sie die Kopien wieder ein und teilen ein Arbeitsblatt aus. Auf dem Arbeitsblatt stehen Fragen, die sich auf die Meldungen beziehen. Oder Sie schreiben die Fragen an die Tafel und fordern die Schüler auf, die Antworten aufzuschreiben.

HEUTE

Anrede „Frau Ober" empfohlen

Die Zeit der Unsicherheit ist vorbei: Lokalbesuchern, die nach der weiblichen Bedienung rufen wollen, empfiehlt die Gesellschaft für deutsche Sprache nach einem Wettbewerb nun die Anrede „Frau Ober". **BLICK IN DIE ZEIT**

Frentzen überrascht als Zweiter

Heinz-Harald Frentzen überraschte im Training zum Großen Preis von Europa der Formel 1 in Jerez (Spanien) mit der zweitbesten Zeit. Der Mönchengladbacher lag direkt vor Michael Schumacher, aber hinter Damon Hill. **SPORT S. 9**

Nietzsche 150

Der Philosoph und Dichter Friedrich Nietzsche (Foto) wurde mißverstanden, verfälscht und mißbraucht. Jetzt geht die Wissenschaft daran, den Nachlaß zu sichten und neu zu bewerten. Heute vor 150 Jahren wurde Nietzsche als Sohn eines Pfarrers geboren. Wichtig und umstritten ist er bis in die Gegenwart. **KULTUR S. 19**

Lufthansa sucht Personal in Kassel

Die Deutsche Lufthansa sucht für ihr telefonisches Beratungs- und Buchungszentrum in Kassel mehr als 100 neue Mitarbeiter. Aber die Resonanz auf Stellenanzeigen der Fluggesellschaft ist schwach. **WIRTSCHAFT S. 6**

Huber im Halbfinale gegen Werdel

Anke Huber steht im Halbfinale des Damen-Tennisturniers von Filderstadt. Die Karlsdorferin schlug die Amerikanerin Martina Navratilova mit 6:3, 3:6, 6:4 und trifft nun auf die Qualifikantin Marianne Werdel (USA). **SPORT S. 9**

1. Beispiel

Machen Sie selbst diesen Test mit Meldungen aus der Hessisch-Niedersächsischen-Allgemeinen (HNA). Kreuzen Sie nach der aufmerksamen Lektüre folgende Fragen an:

1. Wie heißt die Institution, die eine Empfehlung für die Anrede weiblicher Bedienungen in Gaststätten gegeben hat?
   a Deutsche Sprachgesellschaft
   b Deutsches Goetheinstitut
   c Deutsches Sprachinstitut
   d Gesellschaft für deutsche Sprache
   e Gesellschaft für deutsche Sprachpflege
   f Deutsche Gesellschaft für Sprachwissenschaft
2. Welche Anrede an weibliche Bedienungen in Gaststätten hat das Institut empfohlen?
   a Frau Oberin
   b Fräulein Ober
   c Frau Ober
   d Fräulein Oberin
   e Bedienung, bitte
3. In welcher Reihenfolge platzierten sich die Rennfahrer beim Training zum großen Preis von Europa?
   a Frentzen vor Schumacher und Hill
   b Hill vor Schumacher und Frentzen
   c Hill vor Frentzen und Schumacher
   d Schumacher vor Frentzen und Hill
   e Schumacher vor Hill und Frentzen
4. Wie heißt der Rennfahrer Frentzen mit Vornamen?
   a Heinz-Harald
   b Karl-Heinz
   c Hans-Harald
   d Heinz-Herbert
   e keiner der genannten Vornamen
   f Der Vorname wurde in der Meldung nicht genannt.
5. Welche Aussage über Nietzsche ist richtig?
   a Er wurde vor 100 Jahren geboren.
   b Sein Vater war Lehrer.
   c Sein Vater war Pfarrer.
   d Sein Vorname ist Franz.
   e Er hätte 1994 seinen 200. Geburtstag gefeiert.
6. Für welche Funktionen sucht die Lufthansa in Kassel Personal?
   a Reklamationen und Beschwerden
   b Abrechnungen und Kontrolle
   c Buchungen und Überwachungen
   d Beratungen und Buchungen
   e Ein- und Verkauf
7. In welcher Stadt findet das Tennisturnier statt, in dem Anke Huber nach einem Sieg über Martina Navratilova das Halbfinale erreicht hat?
   a Eppendorf
   b Freudenstadt
   c Wilmersdorf
   d Stuttgart
   e Filderstadt
8. In welcher Stadt wohnt Anke Huber?
   a Hamburg
   b Kronstein
   c Karlsdorf
   d Karlsruhe
   e Konstanz

Auswertung:
Wo liegen die Schwachstellen in der Merkfähigkeit Ihrer Schüler?
Welche Informationen haben sie sich besonders gut gemerkt, welche nicht?
Besteht ein Zusammenhang zwischen dem persönlichen Interesse an bestimmten Personen oder Fakten und der Merkfähigkeit?
Mein Tipp zur Verbesserung der Merkfähigkeit: Stellen Sie bei weniger interessanten Meldungen eine Verknüpfung zu bereits Bekanntem her, z.B. Pfarrer müssen Philosophie studieren, oder telefonische Beratung ist nicht sehr beliebt, oder Anke Huber kenne ich nicht, Karlsdorf kenne ich auch nicht ... Oder bilden Sie schnell einen Satz, auch wenn er unsinnig ist: In Filderstadt gibt's Tennis satt ...

2. Beispiel

Lies die Kurzmeldungen aufmerksam durch und beantworte dann folgende Fragen:

HEUTE

Jesberg: Abwasser hat Priorität

Vorrangige Bedeutung für die Gemeinde Jesberg hat im kommenden Jahr die Abwasserbeseitigung. Um die Finanzierung sicherzustellen, wurde jetzt ein Nachtragshaushalt eingebracht. **LOKALES S. 9**

Wosz erhöht Chancen

Der Bochumer Dariusz Wosz hat seine Chancen auf ein Debüt in der Fußball-Nationalmannschaft weiter verbessert. Beim Lehrgang des B-Kaders von Bundestrainer Berti Vogts zeigte sich der Mittelfeldakteur in glänzender Spiellaune. Vielleicht ist er nun schon beim WM-Qualifikationsspiel in Portugal dabei. **SPORT**

„Fachkraft" statt „Pfarrer/-innen"

Die Landeskirche von Kurhessen-Waldeck will sich künftig in ihrer offiziellen Sprache geschlechtsneutral ausdrücken. Statt der Doppelnennung von „Pfarrern" und „Pfarrerinnen" soll die Bezeichnung „Fachkraft" möglich sein. **KULTUR**

Automesse IAA weiter am Main

Die Internationale Automobilausstellung (IAA) für Personenwagen bleibt bis zum Jahr 2001 in Frankfurt. Der Verband der Automobilindustrie entschied sich gegen die Mitbewerber Berlin, München und Hannover. **WIRTSCHAFT S. 6**

Eine Nacht im Schneestau auf A 2

Unzählige Autofahrer sind auf der Autobahn Hannover - Berlin (A 2) in der Nacht zum Dienstag in einem 100 km langen Schneestau steckengeblieben. Weitere Schneemassen sind im Norden zu erwarten. **BLICK IN DIE ZEIT**

1. Wie heißt die Gemeinde, für die im kommenden Jahr die Abwasserbeseitigung Vorrang hat?
   a Bensheim b Bensberg
   c Jesburg d Jesberg
   e Jensberg
2. In welchem Land findet das nächste WM-Qualifikationsspiel der Fußball-Nationalmannschaft statt?
   a Ungarn b Portugal
   c Schweden d Polen
   e Dänemark
3. Welche drei Städte haben sich für die Ausrichtung der Automesse IAA bis zum Jahr 2001 beworben?
   a Hannover, Bremen, München
   b München, Frankfurt, Berlin
   c München, Berlin, Hannover
   d Stuttgart, Leipzig, München
4. Es wird auch weiter schneien. Aus welcher Himmelsrichtung werden die Schneefälle erwartet?
   a Norden b Süden c Osten d Westen e Nordwesten
5. Auf welcher Autobahn standen in der Nacht zum Dienstag unzählige Autofahrer in einem Schneestau?
   a Hannover – Kassel b Hannover – Berlin
   c Hannover – Hamburg d Hamburg – Berlin
6. Die Doppelnennung „Pfarrer/Pfarrerin" soll in Zukunft ein anderer Begriff ersetzen. Wie heißt die neue Bezeichnung?
   a Kirchenhilfe b Kirchenfachkraft c Fachhelfer d Fachkraft

Ordnung schaffen

8–10 Folie, OH-Projektor, Papp-Fenster

Jeder Schüler soll zeigen, wie schnell er die einzelnen Buchstaben von einem vorgegebenen Wort alphabetisch ordnen kann. Eine richtige Lösung innerhalb von 5 Sekunden für ein Wort mit 5 Buchstaben gibt 5 Punkte. Zweckmäßigerweise haben Sie die Wörter und die Lösungen schon auf eine Overheadfolie geschrieben und geben diese mit einem selbst gefertigten Fenster aus Pappe frei.

Schwieriger wird das Spiel, wenn Sie die Wörter nur vorlesen.
Wörter mit 5 Buchstaben (5 Sekunden Zeit, 5 Punkte):

Karte: A E K R T	Bauch: A B C H U	Monat: A M N O T
Tafel: A E F L T	Gunst: G N S T U	Vater: A E R T V
Spiel: E I L P S	Wagen: A E G N W	

Wörter mit 6 Buchstaben (6 Sekunden Zeit, 6 Punkte):

Zipfel: E F I L P Z	Panzer: A E N P R Z	Nichte: C E H I N T
Falter: A E F L R T	Kuchen: C E H K N U	Mutter: E M R T T U

Wörter mit 7 und 8 Buchstaben (7 und 8 Sekunden Zeit, 7 bzw. 8 Punkte):

Ginster: E G I N R S T	Kirschen: C E H I K N R S
Hamster: A E H M R S T	Schraube: A B C E H R S U
Schwein: C E H I N S W	Wilddieb: B D D E I I L W

Eine Geschichte weiterschreiben

8–10 Arbeitsblatt, Schreibutensilien

„Hier, mein lieber Wolfgang“, sprach der Vater zu seinem Söhnchen, „habe ich dir eine Wabe leckeren Honigs mitgebracht.“
„Vielen Dank, lieber Vater!“ rief Wolfgang freudig aus, „aber erkläre mir bitte, woher kommt wohl der Honig?“
„Den erzeugen in emsiger Arbeit die braven Bienen und diese Frucht ihres Fleißes dient dann dem Menschen zum Genusse.“
Da ergriff tiefe Trauer Wolfgangs Herz und unter Tränen bat er den Vater um Erlaubnis, den Honig in den Bienenstock zurückzutragen. „Denn“, so sagte er, „jedes lebende Wesen hat das Recht, selbst zu genießen, was es durch seine Arbeit erworben hat.“

Moral: Lerne aus diesen Kinderworten, dass du dich niemals durch die Arbeit anderer bereichern darfst.

Nachtrag: Wie geht die Geschichte weiter? Bedanken sich die Bienen bei Wolfgang? Oder zerstechen sie sein Gesicht? Zeichne Wolfgang, nachdem er den Bienen ihren Honig zurückgegeben hatte. Welche neue Moral kannst du daraus lernen?

Argumente sammeln

9–10 Tafelanschrieb

Gleich in der nächsten Vertretungsstunde ausprobieren: Sie schreiben eine Frage an die Tafel und die Schüler suchen nach sinnvollen Antworten. Schreiben Sie in Stichworten die Antworten an die Tafel. Dann sollen die Schüler eine Rangfolge nach der Wichtigkeit der Argumente aufstellen.
Warum sollte man ...
... regelmäßig Sport treiben?
... weniger mit dem Auto fahren?
... sich für Politik interessieren?
... schlechte Gesellschaft meiden?
... sich für die Probleme der Dritten Welt verantwortlich fühlen?
... sich regelmäßig geistig beschäftigen und weiterbilden?
... mindestens eine Fremdsprache beherrschen?
... zu seinen Mitmenschen immer freundlich sein?
... für eine gute Berufsausbildung der Kinder sorgen?
... mit dem Rauchen aufhören?

4. Bewerbungstraining

Vorstellungsgespräch und Einstellungstest

8–10 Arbeitsblätter, Schreibutensilien, Taschenrechner

Die Firma, bei der du dich für eine Lehrstelle beworben hast, lädt dich zu einem Vorstellungsgespräch ein. Jetzt würdest du bestimmt gern wissen, welche Fragen dir der Personalchef oder der Firmeninhaber stellen würde. Hier sind ein paar Fragen, mit denen du rechnen kannst. Übe schon einmal, die richtigen Antworten zu formulieren.

Mein Wunschberuf: ______________________________

Meine Wunschfirma: ______________________________

Warum hast du dich gerade bei unserer Firma (in unserem Unternehmen, Betrieb) beworben? Es gibt doch für diesen Beruf noch viele andere Firmen.

Weißt du, was in unserem Betrieb hergestellt wird? Oder: Kennst du unser Produktionsprogramm?

Warum möchtest du gerade diesen Beruf erlernen?

Wie oft hast du dich schon beworben?

Welche Berufe kommen für dich noch in Frage, wenn du in deinem Wunschberuf als ______________________________ keine Lehrstelle finden solltest?

Kannst du dir vorstellen, was du in diesem Beruf täglich tun musst?

Warum meinst du, dass du für diesen Beruf gut geeignet bist?

Was machst du in deiner Freizeit? Welche Hobbys hast du?

Welches sind deine Lieblingsfächer in der Schule? Was macht dir dabei am meisten Spaß?

Wie erklärst du dir die schlechten Zensuren in ____________________

und ________________ ?

Ganz gemein ist diese Frage: Welche besonderen Eigenschaften sollte ein Vorgesetzter haben?

____

Und wenn du aufgefordert wirst, selbst Fragen zu stellen? Hier eine kleine Auswahl:

Wie geht es jetzt mit dem Auswahlverfahren weiter?

Wann kann ich mit einer Benachrichtigung rechnen?

Wie stehen meine Chancen im Verhältnis zu anderen Mitbewerbern?

Wie sind die Chancen auf eine Übernahme nach Abschluss der Ausbildung?

Welche weiteren beruflichen Entwicklungschancen gibt es bei Ihnen nach der Ausbildung?

Sei vorsichtig, wenn dir so genannte Satzergänzungs-Aufgaben vorgelegt werden.

Ein Beispiel: Lehrer sind immer ________________________ .

Der Satzanfang ist gegeben und du musst ihn möglichst spontan zu Ende schreiben. Man versucht so, deine persönlichen Eigenheiten kennen zu lernen: Ob man den Test ablehnt oder akzeptiert, ist nicht die Frage. Versuche auf jeden Fall, den Satz *unverbindlich* zu beenden. Also nicht: Lehrer sind immer ungerecht, wenn sie Noten geben. Oder: Lehrer sind immer faule Säcke. Sondern: Lehrer sind immer recht gut angezogen.

Übe selbst weitere Satzergänzungen:
An meinen Mitschülern missfällt mir, dass ...
Wenn ich Geld im Überfluss hätte, würde ich ...
Ich mag es nicht, wenn ...
Andere Leute sind ...
Ich möchte gern ...
Wenn ich allein bin ...
Ich fürchte ...
Früher war ich ...
Es ärgert mich besonders ...

Ich bin besorgt, wenn ...
Große Freude bereitet es mir ...
Wenn ich einen Fehler mache, dann ...
Wenn ich schlechte Laune habe ...

8–10 Arbeitsblatt

Wenn du dich in einem größeren Betrieb um eine Lehrstelle beworben hast, kann es sein, dass du dich einem Einstellungstest unterziehen musst. Du kannst viele Aufgaben schon vorher üben und so deine Chancen verbessern, das Ausleseverfahren erfolgreich zu bestehen. Es ist sehr wichtig, dass du nicht an einer Aufgabe kleben bleibst und Zeit verlierst. Arbeite zügig weiter, selbst wenn du eine Frage nicht verstehst oder nicht beantworten kannst.

Test 1: Regelmäßigkeiten erkennen

8–10 Arbeitsblatt

1. Beispiel: 17 15 13 11 9 7 5 ~~2~~ 1

In diesem Beispiel handelt es sich um eine fallende Reihe, die aus aufeinander folgenden ungeraden Zahlen besteht. Die 2 ist keine ungerade Zahl und muss deshalb durchgestrichen werden.

2. Beispiel: ~~C~~ D e F g H i J k L

Hier ist das C durchgestrichen, da die Reihe aus fortlaufenden Buchstaben des Alphabets besteht, die abwechselnd groß- und kleingeschrieben sind. Anstelle des großen C müsste ein kleines c stehen. Für die beiden folgenden Aufgabenserien hast du je 3 Minuten Zeit.

1. Aufgabenserie

	a	b	c	d	e	f	g	h	i	j	k	l
1	d	b	d	b	d	b	d	b	b	b	d	b
2	15	14	13	12	11	11	9	8	7	6	5	4
3	1	2	3	3	2	3	1	2	3	1	2	3
4	u	v	u	w	u	v	u	v	u	v	u	v
5	2	5	8	11	14	17	20	23	26	29	31	34
6	1	0	3	0	5	0	7	0	9	0	12	0
7	a	b	c	d	e	f	g	h	i	j	K	l
8	23	21	19	17	15	13	11	10	7	5	3	1
9	d	e	F	h	i	J	l	m	N	p	q	r
10	1	1	0	1	0	1	0	1	0	1	0	1
11	1	11	2	22	3	33	44	44	5	55	6	66
12	0	0	0	2	0	3	0	4	0	5	0	6
13	9	10	8	7	11	12	10	9	13	14	12	10
14	b	c	e	f	h	i	k	l	n	o	q	r
15	k	9	7	l	7	6	m	5	4	n	3	2
16	u	12	t	11	q	10	o	9	m	8	k	7
17	rr	h	ss	g	tt	f	uu	e	vv	d	ww	x
18	2	4	3	8	4	16	5	36	6	64	7	128
19	g	p	i	p	k	p	m	p	o	p	r	p
20	2	3	3	4	4	5	6	7	7	8	9	9

2. Aufgabenserie

	a	b	c	d	e	f	g	h	i
1	2	2	1	2	2	2	2	2	2
2	1	2	3	4	5	6	7	7	8
3	r	s	t	s	t	s	t	s	t
4	x	y	z	x	y	z	z	y	z
5	1	0	0	1	0	0	1	1	0
6	0	1	2	0	1	2	3	1	2
7	24	22	20	21	16	14	12	10	8
8	a	b	C	d	e	f	g	h	i
9	1	2	5	8	11	14	17	20	23
10	u	t	s	q	o	m	k	i	g
11	a	b	d	a	b	c	a	b	c
12	K	l	M	n	o	p	Q	r	S
13	7	6	5	4	4	5	6	7	6
14	1	2	3	4	5	6	3	2	1
15	a	zz	b	yy	c	xx	d	ww	f
16	p	O	m	K	i	G	e	C	a
17	j	ll	n	pp	q	tt	v	xx	z
18	a	k	e	o	i	s	m	w	o
19	b	a	e	d	h	g	i	j	n
20	h	i	j	j	h	k	h	l	h

Lösungen:
1i, 2f, 3d, 4d, 5k, 6k, 7k, 8h, 9l, 10a, 11g, 12b, 13l, 14a, 15c, 16c, 17l, 18h, 19k, 20e

Lösungen:
1c, 2h, 3a, 4g, 5h, 6g, 7d, 8c, 9a, 10b, 11c, 12e, 13i, 14f, 15i, 16a, 17e, 18i, 19g, 20c

Test 2: Analogien

9–10 Arbeitsblatt

Auf der folgenden Seite finden Sie ein Arbeitsblatt, das Sie kopieren und Ihren Schülern vorlegen. Im Sinne einer mathematischen Verhältnisgleichung sollen vier Begriffe sinnvoll miteinander vernüpft werden. Drei Worte sind vorgegeben, ein viertes ist zu suchen. Aber Vorsicht: So leicht, wie es vielleicht aussieht, ist es nicht.

Beispiel 1: Es verhält sich Auto : Flugzeug = fahren : ?
laufen, schwimmen, gehen, fliegen, steigen

Dass hier fliegen eingesetzt werden muss, ist wohl leicht einzusehen.

Beispiel 2: Wasser : Rohr = Elektrischer Strom : ?
Volt, Kabel, Widerstand, Transformator, Schalter

In diesem Beispiel ist *Kabel* die richtige Lösung, weil das Wasser ähnlich durch das Rohr fließt, wie der Strom durch das Kabel. Für die nächste Aufgabenserie hast du 4 Minuten Zeit. Suche das passende Vergleichswort.

Lösungen:
1. Fisch 2. Wasser 3. Beruf 4. Länge 5. Würfel 6. Schuhe 7. Getreide 8. Wald 9. Pointe 10. Eisenbahn 11. Wort 12. Mais 13. Hass 14. beweisen 15. Erz 16. Verbrechen 17. Silo

1. Luft : Vogel = Wasser : ?
Schlange, Schiff, Fisch, Welle, Wind ______________________

2. Wüste : Sand = See : ?
Wasser, Sonne, Land, Meer, Wind ______________________

3. Freizeit : Hobby = Arbeit : ?
Ruhe, Anstrengung, Einkommen, Beruf, Mühe ______________________

4. Uhr : Zeit = Metermaß : ?
Zeiger, Meter, Länge, Zifferblatt, Zollstock ______________________

5. Kreis : Quadrat = Kugel : ?
Ellipse, Würfel, Rechteck, Zylinder, Fläche ______________________

6. Bluse : Hemd = Stiefel : ?
Hut, Hose, Rock, Jacke, Schuhe ______________________

7. Wein : Traube = Brot : ?
Getreide, Mehl, Bäcker, Ofen, Teig ______________________

8. Berg : Gebirge = Baum : ?
Zweig, Blatt, Wald, Wiese, Rinde ______________________

9. Suppe : Salz = Witz : ?
Humor, Lachen, Pointe, Ironie, Komik ______________________

10. Rauchzeichen : Telefon = Ochsenkarren : ?
Telegramm, Last, Eisenbahn, Rad, Flugzeug ______________________

11. Kapitel : Absatz = Satz : ?
Buchstabe, Bedeutung, Überschrift, Wort, Aussage ______________________

12. Obst : Birne = Getreide : ?
Mais, Gemüse, Apfel, Nahrung, Halm ______________________

13. Wärme : Hitze = Wut : ?
Trauer, Ärger, Trübsinn, Mörder, Hass ______________________

14. glauben : wissen = behaupten : ?
ahnen, beweisen, meinen, bestreiten, denken ______________________

15. Benzin : Erdöl = Stahl : ?
Blech, Kupfer, Eisen, Erz, Metall ______________________

16. Erfolg : Leistung = Strafe : ?
Urteil, Gesetz, Verbrecher, Verbrechen, Richter ______________________

17. Kohle : Halde = Getreide : ?
Mehl, Mühle, Brot, Bäcker, Silo ______________________

Test 3: Fremdwörter

9–10 Arbeitsblatt

Welche deutsche Bedeutung haben diese Fremdwörter?

1 Konzession	2 Prokura	3 Restriktion	4 Protektion
5 Konzept	6 Investieren	7 Fiktion	8 Indiz
9 Konferenz	10 Konflikt	11 Differenz	12 Inflation
13 Evolution	14 Choral	15 Komposition	16 Restauration
17 Ökonomie	18 Modifikation	19 Reaktion	20 Synthese

Lösung:
1 Zugeständnis 2 Handlungsvollmacht 3 Einschränkung 4 Förderung 5 Entwurf 6 langfristig anlegen 7 Unterstellung 8 Anzeichen 9 Besprechung 10 Auseinandersetzung 11 Unterschied 12 Geldentwertung 13 allmählich fortschreitende Entwicklung 14 Kirchenlied 15 Zusammensetzung 16 Wiederherstellung 17 Wirtschaft 18 Veränderung 19 Gegenwirkung 20 Zusammenfügung

Test 4: Dreisatz-Aufgaben

8–10 Arbeitsblatt

Beim Dreisatzrechnen schließt man von einer gegebenen Vielzahl zunächst auf eine Einzahl und von dort auf eine weitere, neue Vielzahl. Das geschieht in drei Schritten: Behauptungssatz, Zwischensatz und Schlusssatz. Es gibt Dreisatz-Aufgaben mit gleichem Verhältnis (1. Beispiel) und mit umgekehrtem Verhältnis (2. Beispiel).

1. Beispiel: Dreisatz mit gleichem Verhältnis
4 kg Farbe kosten 20 €. Wie viel kosten 6 kg?

Überlegung: Je mehr Farbe, desto mehr Geld. Gleiches Verhältnis.

Behauptungssatz:	4 kg →	20 €
Zwischensatz:	1 kg →	20 : 4 = 5 €
Schlusssatz:	6 kg →	5 €· 6 = 30 €

Achte darauf, dass im Behauptungssatz das „Gesuchte“ (hier €) immer rechts steht.

2. Beispiel: Dreisatz mit umgekehrtem Verhältnis
2 Maler brauchen insgesamt 7 Stunden, um eine Wand zu streichen. In wie viel Stunden würden 4 Maler die gleiche Arbeit schaffen?

Überlegung: Je mehr Maler, desto weniger Stunden. Umgekehrtes Verhältnis.

Behauptungssatz:	2 Maler →	7 h
Zwischensatz:	1 Maler →	$7 \cdot 2 = 14$ h
Schlusssatz:	4 Maler →	14 h : 4 = 3,5 h

Achte auch hier darauf, dass im Behauptungssatz das „Gesuchte" (hier Stunden) immer rechts steht.

1. 3 Maurer benötigen zum Errichten einer Mauer 2 Tage. Wie lange würde ein einziger Maurer benötigen, um dieselbe Mauer zu errichten?
2. 5 Pfund Äpfel kosten 3,45 €. Ein Zentner Äpfel kostet 61 €. Wie viel Euro spart man, wenn man gleich einen Zentner kauft?
3. Eine kleine Wohnung kann man mit 800 m^3 Gas 20 Wochen heizen. Wie lange kann man mit 500 m^3 heizen?
4. Ein Teppichbodenbelag für ein Zimmer kostet 420,75 €. Wie groß ist das Zimmer, wenn der Quadratmeter 12,75 € kostet?
5. In einer Fabrik arbeiten 120 Arbeiter bei achtstündiger Arbeitszeit. Wie viele Arbeiter müssten neu eingestellt werden, wenn bei gleich bleibender Produktion die Arbeitszeit auf 7,5 Stunden verkürzt werden soll?
6. Jemand hat in einem Geschäft 8 Kerzen zu 1,40 € das Stück gekauft. Nun will er die Kerzen umtauschen gegen solche, die 1,60 € das Stück kosten. Wie viele Kerzen erhält er, ohne zuzahlen zu müssen?
7. Um die Decke eines Zimmers anzustreichen, das 4 m lang und 5 m breit ist, braucht ein Anstreicher 2,5 kg Farbe. Wie viel kg Farbe braucht er zusätzlich, wenn auch die Wände des 3 m hohen Zimmers (zur Vereinfachung vernachlässigen wir Fenster und Türen) gestrichen werden sollen?
8. Ein Zweitaktmotor benötigt für 20 Liter Benzin 0,8 Liter Öl. Wie viel Liter Öl werden für 30 Liter Benzin benötigt?
9. Ein Gitterzaun hat 80 Stäbe im Abstand von 12 cm. Wie viele Stäbe sind nötig, wenn der Abstand auf 15 cm vergrößert wird?
10. Jemand kauft 24 Flaschen Wein zu je 6,50 €. Bei der nächsten Bestellung erhält er für dasselbe Geld eine Flasche mehr. Wie viel billiger ist dann bei der zweiten Bestellung jede Flasche Wein?
11. Im Tank eines Autos befinden sich noch 30 l Benzin. Wie weit kann das Auto noch fahren, wenn es einen Verbrauch von 12 l auf 100 km hat?

12. Zum Bau einer Mauer hätten 7 Maurer 8 Tage gebraucht. Nun sind 2 Maurer erkrankt. Wie lange dauert der Bau der Mauer?
13. Ein Zimmer hat eine Größe von 3,75 m x 5,10 m. Es soll mit Teppichfliesen ausgelegt werden, die eine Größe von 30 cm x 30 cm haben. Wie viele dieser Teppichfliesen werden benötigt?
14. Eine Batterie, mit der 8 Lampen zur Sicherung einer Baustelle versorgt werden, reicht für 11 Nächte. Wie lange reicht sie, wenn 3 Lampen zusätzlich angeschlossen werden?
15. 30 Sekunden eines Ferngesprächs kosten 1,20 €. Wie viel kostet ein Gespräch, das 30 Minuten dauert?
16. Ein Wanderer legt in einer Stunde 6 km zurück. Wann erreicht er ein 4,5 km entferntes Dorf, wenn er auf Grund des bergigen Geländes nur noch halb so schnell gehen kann?
17. Eine Pumpe braucht 120 Minuten, um einen Öltank mit 3600 l Fassungsvermögen zu füllen, eine andere Pumpe 60 Minuten. Wann ist der Öltank gefüllt, wenn beide Pumpen gleichzeitig eingesetzt werden?
18. Ein Pkw verbraucht 8,5 l Kraftstoff auf 100 km und legt mit einer Tankfüllung 450 km zurück. Wie weit kommt ein anderer Wagen mit dieser Menge, der 11,8 l auf 100 km verbraucht?
19. Jemand fährt mit seinem Pkw 900 km und verbraucht 60 l Diesel. Wie groß ist sein Kraftstoffverbrauch auf 100 km?
20. Ein Heizstrahler mit 500 W Leistung benötigt zur Erwärmung eines Raumes 150 Minuten. In welcher Zeit kann dieser Raum mit einem 1,8 kW-Strahler erwärmt werden?

Lösungen:

1. 6 Tage	2. 8 €	3. 12, 5 Wochen	4. 33 m^2
5. 8 Arbeiter	6. 7 Kerzen	7. 6,75 kg	8. 1,2 Liter
9. 64 Stück	10. 0,26 €	11. 250 km	12. 11,2 Tage
13. 212,5 Fliesen	14. 8 Nächte	15. 72 €	16. 1,5 h
17. 40 Minuten	18. 324 km	19. 6,7 l	20. 42 Minuten

Test 5: Technisches Verständnis

9–10 Arbeitsblatt

Kreuze die richtige Antwort an!

1. In welche Richtung dreht sich das große Rad, wenn sich das Antriebsrad in Pfeilrichtung dreht?

   A In Richtung A.
   B In Richtung B.
   C Das große Rad blockiert.

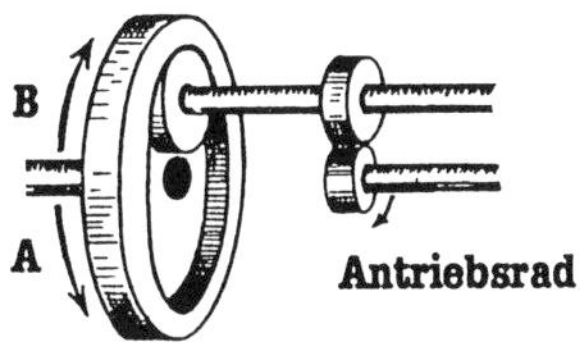

2. In welche Richtung bewegt sich die große Scheibe, wenn sich das Antriebsrad in Pfeilrichtung dreht?

   A In Richtung A.
   B In Richtung B.
   C Hin und her.
   D Es bewegt sich gar nicht.

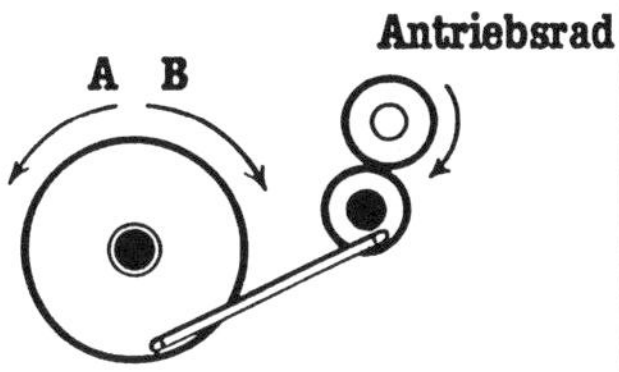

3. Mit welcher Zange kann man am leichtesten einen dicken Draht durchschneiden?

   A Zange 1.
   B Zange 2.
   C Es besteht kein Unterschied.

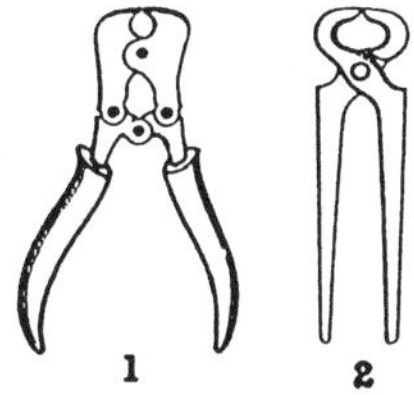

4. Betrachte den kleinen Punkt auf dem jeweiligen Radumfang. Auf welchem Rad bewegt sich der Punkt am schnellsten?

   A Rad 3.
   B Rad 1.
   C Rad 2.
   D Alle Punkte bewegen sich gleich schnell.

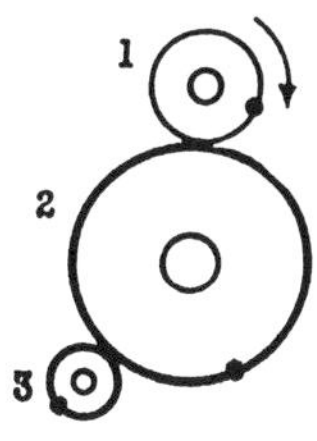

5. Jemand stößt die Unterlage bei x leicht an. Welcher Körper kippt am schnellsten um?

   A Körper A.
   B Körper B.
   C Körper C.
   D Die drei Körper kippen gleich schnell um.

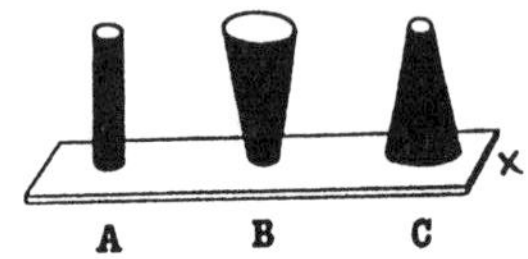

6. Welche Zahnräder drehen sich in derselben Richtung wie das schwarze Zahnrad?

   A Die Zahnräder können sich nicht drehen.
   B B und D.
   C A und C.
   D C und E.

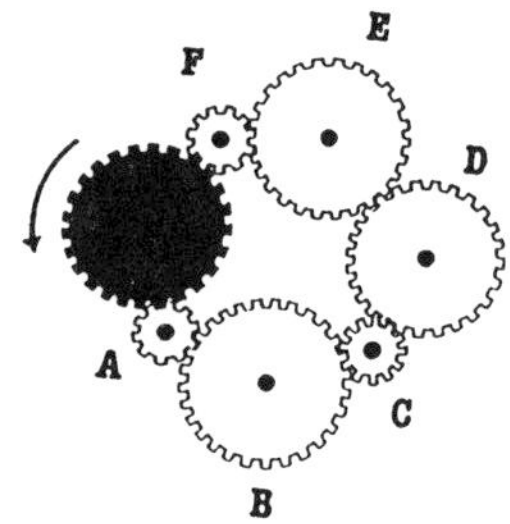

7. Der Körper aus Glas steht auf einer waagerechten Unterlage. Der kleine Kreis soll den Schwerpunkt darstellen. Kippt der Körper um?

   A Ja, er kippt um.
   B Nein, er kippt nicht um.

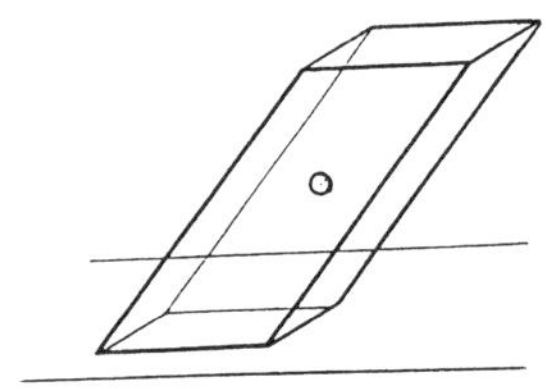

8. Mit welchem Schraubenschlüssel kann man die Mutter am festesten anziehen?

   A Mit dem Schraubenschlüssel A.
   B Mit dem Schraubenschlüssel B.
   C Mit dem Schraubenschlüssel C.
   D Es geht mit allen dreien gleich schwer.

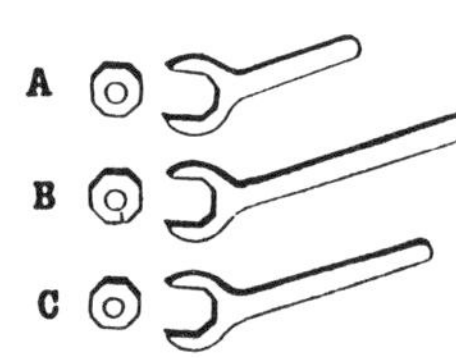

9. Aus welchem Schlauch strömt das Wasser mit dem stärksten Druck heraus?

   A Schlauch 1.
   B Schlauch 2.
   C Schlauch 3.
   D Der Druck ist bei allen Schläuchen gleich.

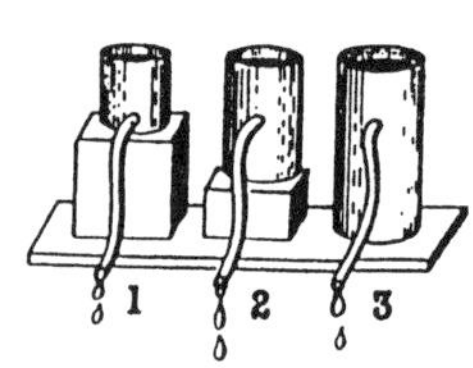

10. Welche Räder drehen sich in derselben Richtung wie das schwarze Zahnrad?

    A Die Zahnräder können sich nicht drehen.
    B C und E.
    C B und D.
    D B und E.
    E A, C und E.

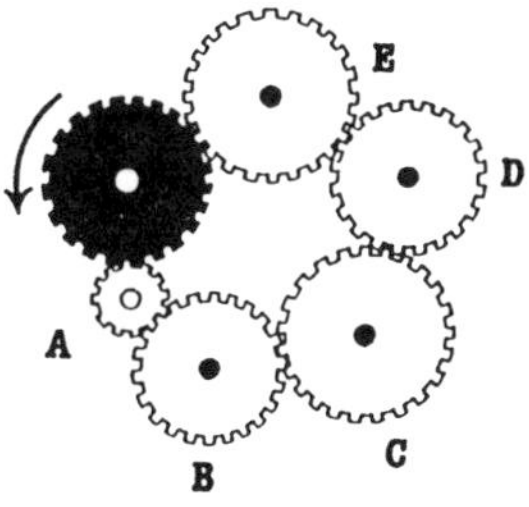

11. Welches Schiff hat mehr geladen?

    A Schiff 1
    B Schiff 2.
    C Beide haben gleich viel geladen.

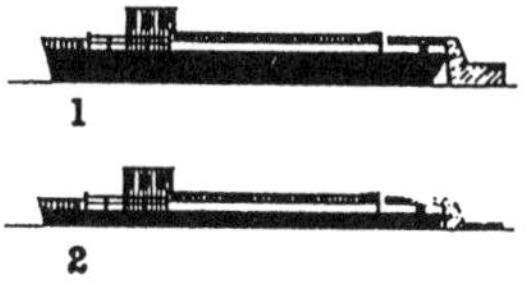

12. Der Treibriemen wird auf die obere Scheibe gelegt. Auf welche untere Scheibe muss der Treibriemen gelegt werden, damit die untere Achse schneller als die obere läuft?

    A Auf Scheibe A.
    B Auf Scheibe B.
    C Auf Scheibe C.

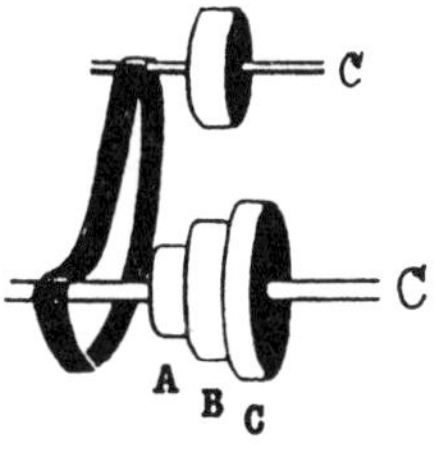

13. In welche Richtung muss sich das Schaufelrad des Dampfers drehen, damit er rückwärts fahren kann?

    A In Richtung 1.
    B In Richtung 2.

14. Inwelche Richtung dreht sich das schwarze Rad?

    A In Richtung A.
    B In Richtung B.
    C Es kann sich nicht drehen.

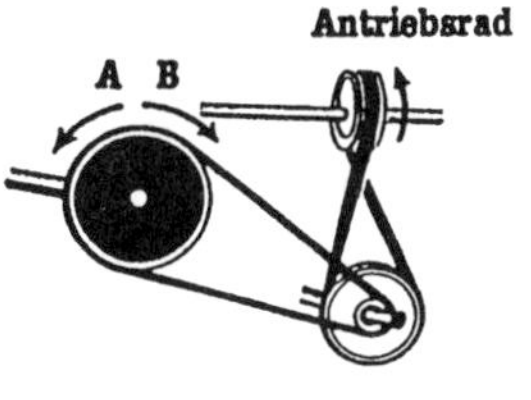

15. Welche zwei Räder drehen sich in derselben Richtung wie das Antriebsrad A?

A B und D.
B D und F.
C B und F.
D D und F.
E C und F.
F C und E.

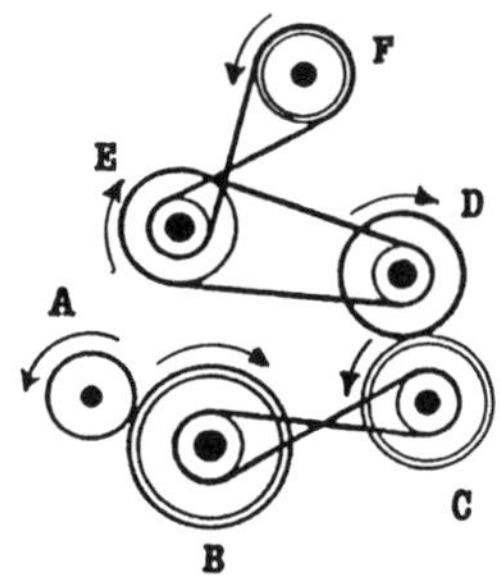

16. Welches Fass wiegt am meisten?

A Fass 1.
B Fass 2.
C Fass 3.
D Alle Fässer wiegen gleich viel.

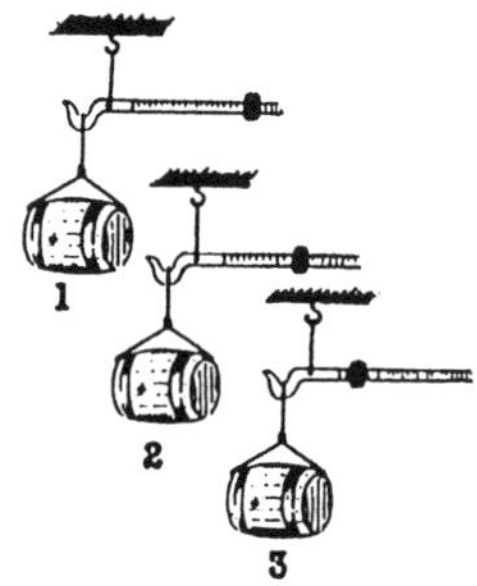

17. In welche Richtung dreht sich die schwarze Scheibe? Und wie schnell im Vergleich zum Antriebsrad?

A In Richtung A und schneller.
B In Richtung A und langsamer.
C In Richtung B und schneller.
D In Richtung B und langsamer als das Antriebsrad.

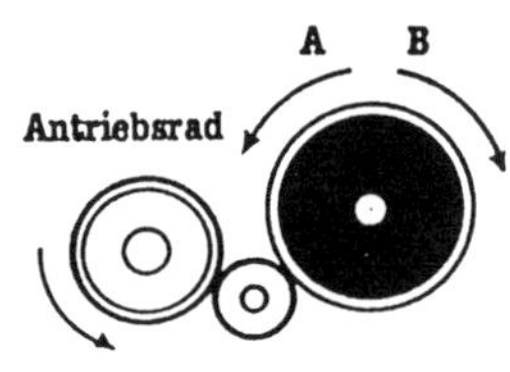

18. Wie bewegt sich die Platte, wenn sich die Schwungscheibe in Pfeilrichtung ständig gleichmäßig dreht?

A Von 0 in Richtung A und zurück nach 0.
B Von 0 in Richtung B und zurück nach 0.
C In beide Richtungen A und B hin und her.

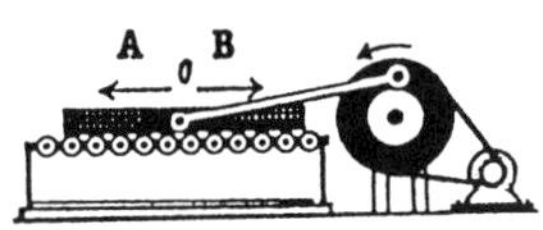

19. Acht Stahlkugeln hängen in einer Reihe und berühren sich. Was geschieht, wenn die achte auf die siebte aufprallt?

    A Alle Kugeln schwingen etwas nach links.
    B Nur die Kugel 1 bewegt sich nach links.
    C Die sieben Kugeln bewegen sich nicht. Nur die achte prallt nach rechts zurück.
    D Alle acht Kugeln bleiben in Ruhe.

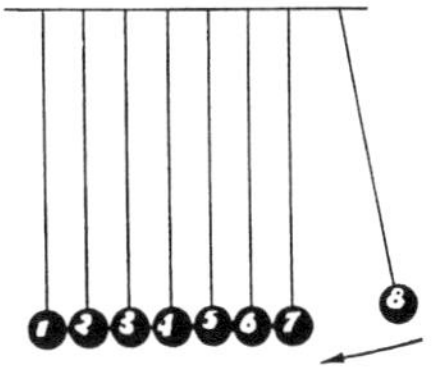

20. Eine mit Wasser gefüllte Schale wird ruckartig in Pfeilrichtung gezogen. Was geschieht mit dem Wasser?

    A Es schwappt nach rechts heraus.
    B Es schwappt nach links heraus.
    C Es bleibt in Ruhe.

21. Zwei Jungen A und B stehen auf kleinen Rollbrettern. A hält das Seil nur fest, B zieht an dem Seil. Wohin bewegen sich A und B?

    A Beide bewegen sich gleichmäßig aufeinander zu und treffen sich in der Mitte.
    B B bleibt stehen und zieht A zu sich heran.
    C A bleibt stehen und B bewegt sich auf A zu.

22. Der Eimer wird über eine Rolle hochgezogen. Welche Aussage ist richtig (die Reibung an der Rolle soll vernachlässigt werden)?

    A Man muss nur mit halber Kraft ziehen.
    B Man muss mit doppelter Kraft ziehen.
    C Die notwendige Kraft ist unverändert.

23. Ein Kraftmesser, an dem ein 1 kg schweres Massestück hängt, zeigt eine Kraft von 10 N (genau: 9,81 N auf der Erde) in Meereshöhe an. Wie viel Kraft zeigt der Kraftmesser hier an?

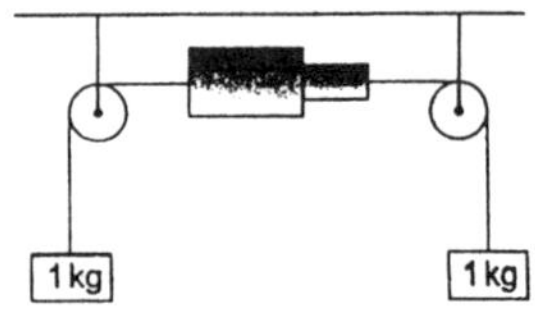

A 0 N B 5 N
C 10 N D 20 N

24. An einem Kraftmesser hängt ein Gewichtsstück, das eine Masse von 1 kg hat. Der Kraftmesser zeigt 10 N an. Nun lässt man den Kraftmesser mit dem angehängten Gewichtsstück frei herunterfallen. Was zeigt der Kraftmesser während des Fallens an?

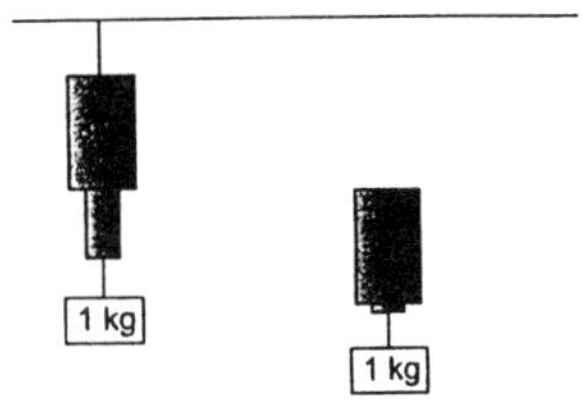

A 10 N B 20 N
C 5 N D 0 N

25. Die drei Gefäße A, B und C haben die gleiche Grundfläche. In den Gefäßen steht das Wasser gleich hoch. Aber im Gefäß A befinden sich 2 Liter, in Gefäß B 3 Liter und im Gefäß C 1 Liter Wasser. In welchem Gefäß ist der Bodendruck am größten?

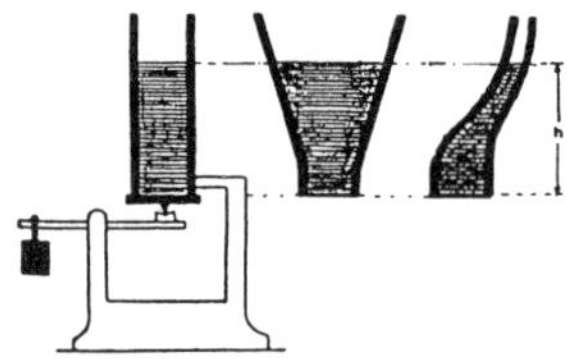

A Gefäß A.
B Gefäß B.
C Gefäß C.
D Der Druck ist bei allen Gefäßen gleich.

26. Kann sich der Junge selbst hochziehen? Wenn ja, wie groß ist seine Zugkraft (der Junge hat ein Gewicht von 600 N)?

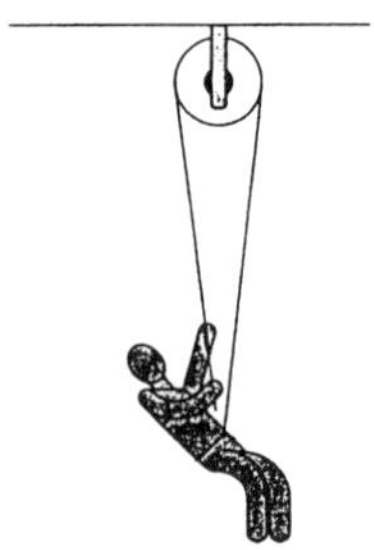

A Nein.
B Ja. Die Zugkraft muss mindestens 600 N betragen.
C Ja. Die Zugkraft muss mindestens 300 N betragen.

Lösungen:

1. A	2. C	3. A	4. D	5. B	6. A	7. A	8. B	9. D	10. C
11. B	12. A	13. A	14. B	15. E	16. A	17. B	18. C	19. B	20. B
21. A	22. C	23. C	24. D	25. D	26. C				

Test 6: Merkfähigkeit Teil 1
Vorübung

9–10 Folie, Schreibmaterial

Ziel dieser Übung ist es, die Merkfähigkeit zu verbessern. Jedem Bild ist ein bestimmter Buchstabe zugeordnet. Die Schüler sollen sich Bild und Buchstabe merken. Sie kopieren diese sechs Bilder auf eine Folie und projizieren sie an die Wand. Die Schüler schreiben nun möglichst schnell einen kurzen Satz auf, in dem der Gegenstand und ein einprägsames Wort, das mit dem zugeordneten Buchstaben anfängt, vorkommt.

1 S

2 F

3 Z

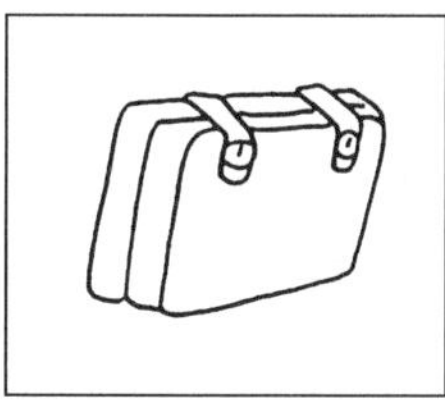

4 L

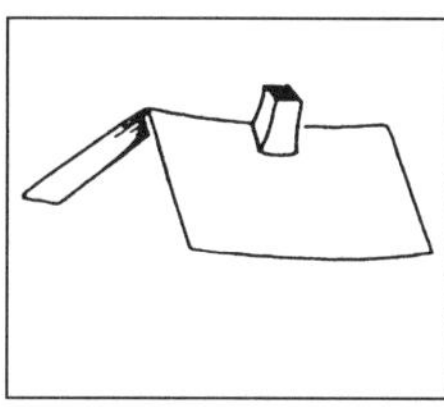

5 R

6 D

Beispiele:

1. Igel haben **S**tacheln.
2. Dieses Mädchen hat eine tolle **F**risur.
3. Dieser Uhr fehlt ein **Z**eiger.
4. Der Koffer ist aus **L**eder.
5. Das Dach ist **r**ot.
6. Die alte Lokomotive fährt noch mit **D**ampf.

Aus Erkenntnissen der Lernpsychologie weiß man, dass sich die Merkfähigkeit trainieren lässt. Verknüpft man einen Begriff, den man sich merken will, mit einem anderen, der sich leicht einprägen lässt, vergisst man den Begriff nicht so schnell. Das ist ein gutes Hilfsmittel, den folgenden Test zu bestehen.

Test 7: Merkfähigkeit Teil 2

9–10 Folien I bis IV, Pappdeckel mit Fenster, Schreibmaterial

Dieser Test stellt hohe Anforderungen an die Merkfähigkeit. Aber mit Hilfe der Vorübung (s. Seite 145) könnt ihr gute Ergebnisse erzielen. Ich zeige euch auf der ersten Folie (I) mehrere Bildreihen. In der ersten Bildreihe (1) sind vier Gegenstände abgebildet und zu jedem Gegenstand gehört ein bestimmter Buchstabe. Zu dem Auto gehört der Buchstabe P, zu dem Koffer der Buchstabe R usw. Merkt euch gut die Gegenstände und die dazugehörigen Buchstaben. Ihr habt dafür 30 Sekunden Zeit. Dann decke ich die erste Bildreihe ab und zeige die zweite Bildreihe (2), auf der ebenfalls vier Gegenstände mit dazugehörigen Buchstaben abgebildet sind. Auch jetzt habt ihr 30 Sekunden Zeit, euch Bilder und Buchstaben einzuprägen.
Taucht aber ein Gegenstand auf, der schon auf der ersten Bildreihe war, fehlt der Buchstabe. Ihr müsst in das leere Buchstabenfeld den fehlenden Buchstaben eintragen, z.B. schreibt ihr dann **2 R** auf euer Lösungsblatt. Das bedeutet: In der **zweiten** Bildreihe erscheint wieder der Koffer, der den Buchstaben **R** trägt.
Weiter geht es mit den Bilderreihen 3, 4 und 5 und es kommen neue Gegenstände und Buchstaben hinzu. Aber immer öfter seht ihr Gegenstände, die schon einmal gezeigt wurden. Schreibt dann sofort die Nummer der Bildreihe auf und den (oder die) fehlenden Buchstaben. In der fünften und letzten Bildreihe erscheint ein leeres Feld und ein Buchstabe. Welches Bild gehört zu dem Buchstaben?

Lösungen:
Folie I: 2 R, 3 P, 3 S, 4 M, 4 H, 4 L, 5 W, 5 H, 5 F, 5 Uhr
Folie II: 2 V, 3 J, 3 F, 4 Z, 4 O, 4 L, 5 Zimmer, 5 M, 5 A, 5 U
Folie III: 2 F, 2 E, 3 G, 4 N, 4 K, 4 S, 5 D, 5 Blume, 5 T, 5 R
Folie IV: 2 L, 3 B, 3 W, 4 F, 4 K, 5 Briefmarke, 5 E, 5 G, 5 D

Folie I

Folie II

Folie III

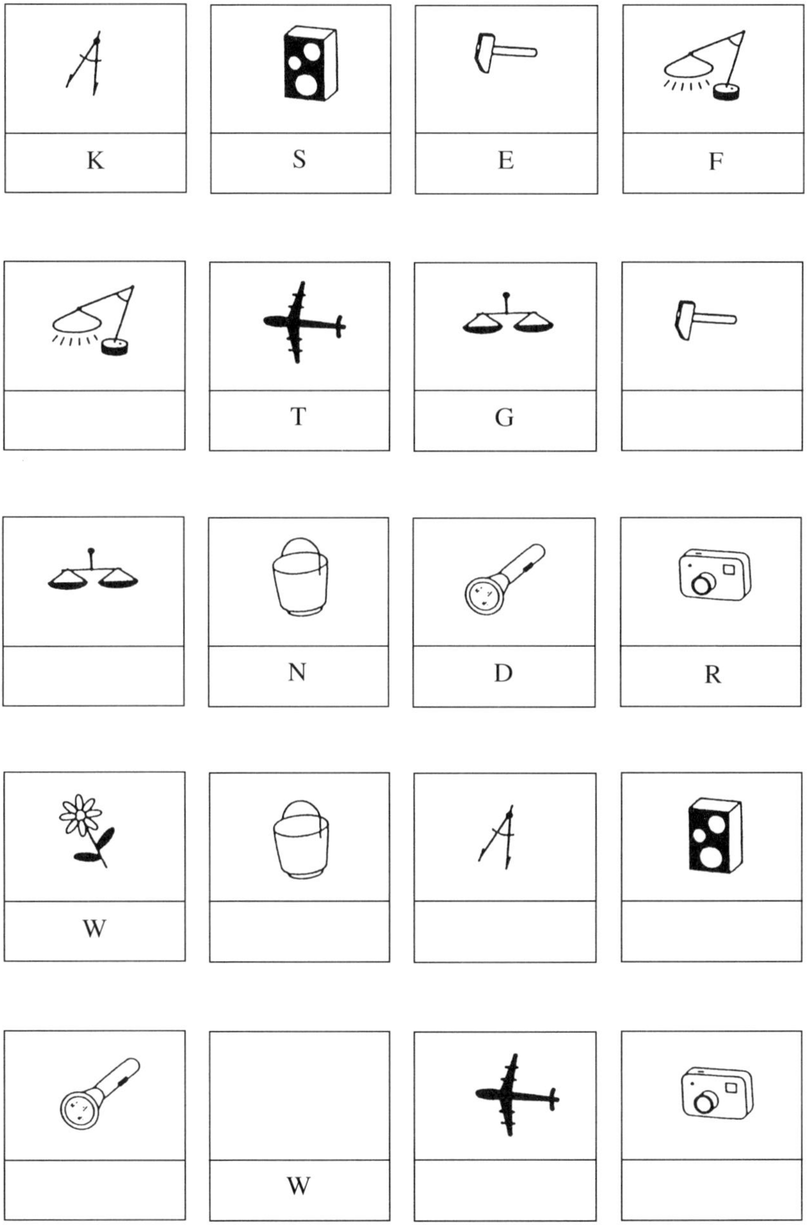

Folie IV

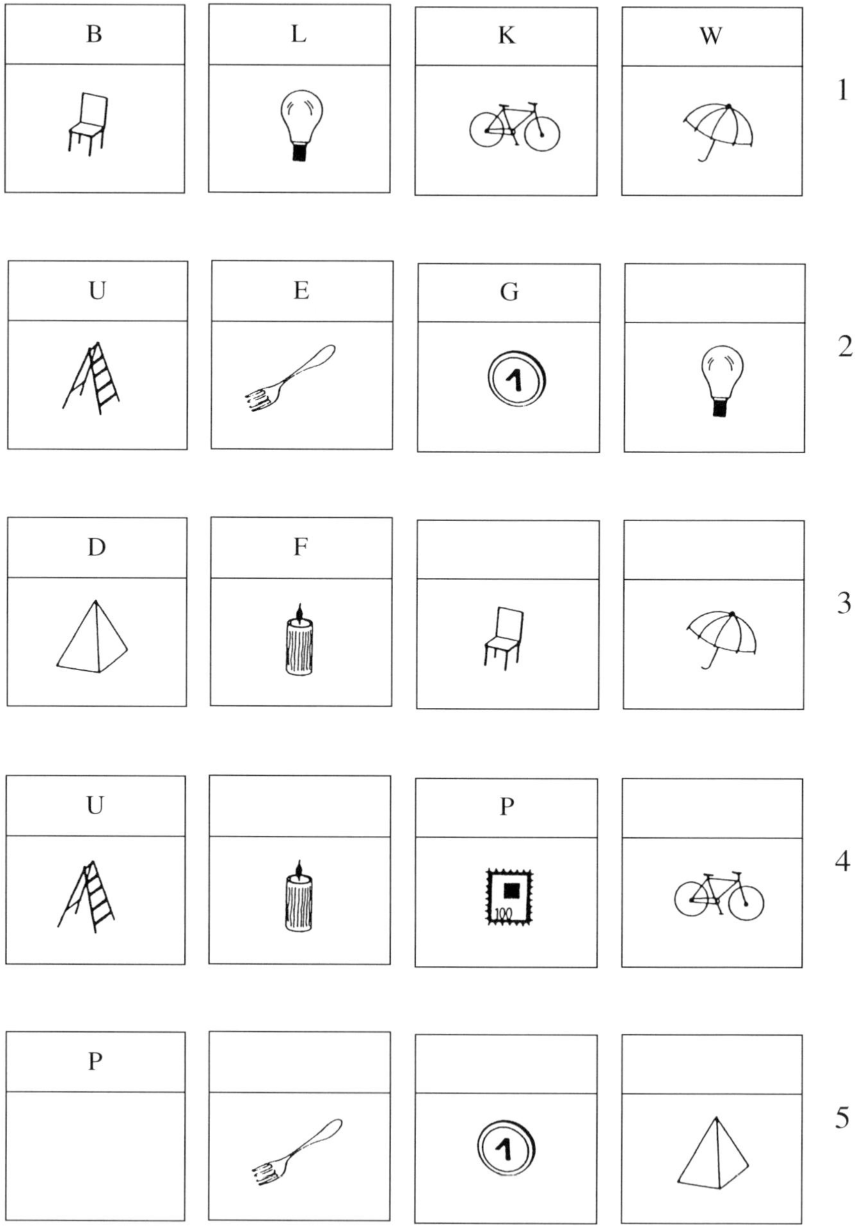

Test 8: Rechtskurve, Linkskurve

7–10 Folie, Arbeitsblatt

In diesem Test sollt ihr Rechts- und Linkskurven auszählen. Stellt euch vor, ihr sitzt hinter dem Lenkrad in eurem Auto. Im Punkt A beginnt die Fahrt. Nach zwei Rechtskurven kommt bei 1 die erste Linkskurve und dann folgen bei 2, 3 und 4 noch drei weitere Linkskurven. Ihr tragt ein: 4 Linkskurven, 2 Rechtskurven oder einfacher: 4 L, 2 R.

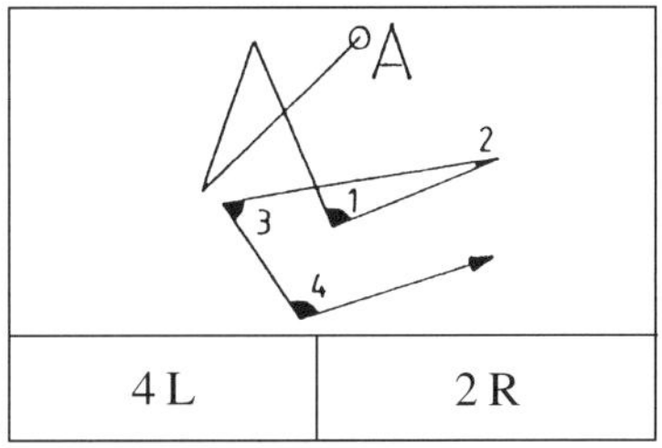

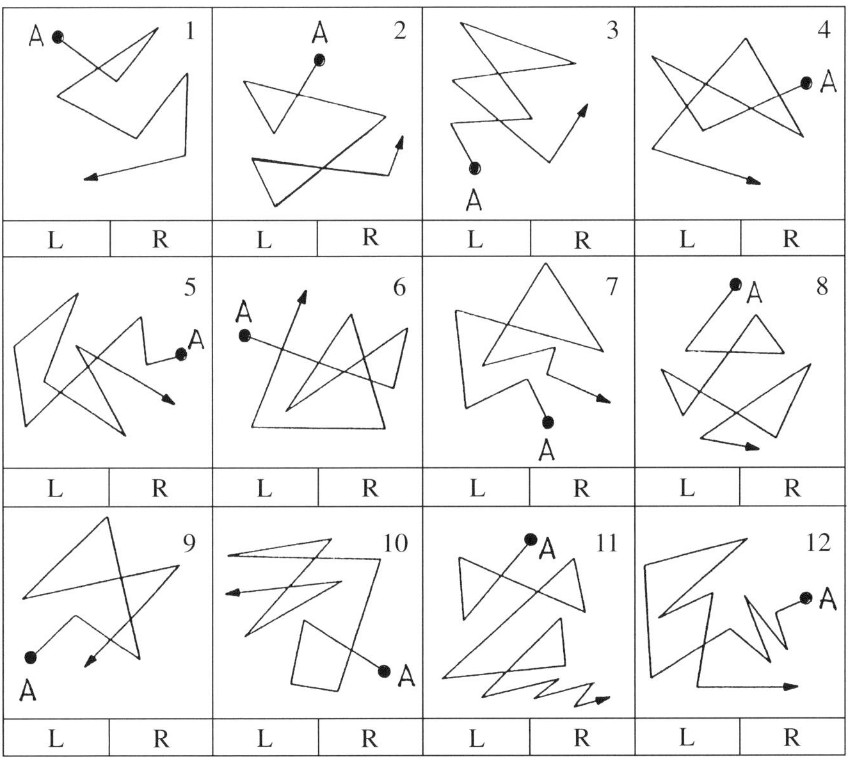

Lösungen:

1. 4L, 2R 2. 1L, 5R 3. 3L, 3R 4. 3L, 2R 5. 3L, 5R 6. 2L, 4R
7. 5L, 3R 8. 6L, 2R 9. 3L, 2R, 10. 5L, 3R 11. 8L, 4R 12. 5L, 6R

5. Zeichnen und Basteln

Der Flug des Ahorns

5–10 Festes Papier, Lineal, Bleistift, Schere

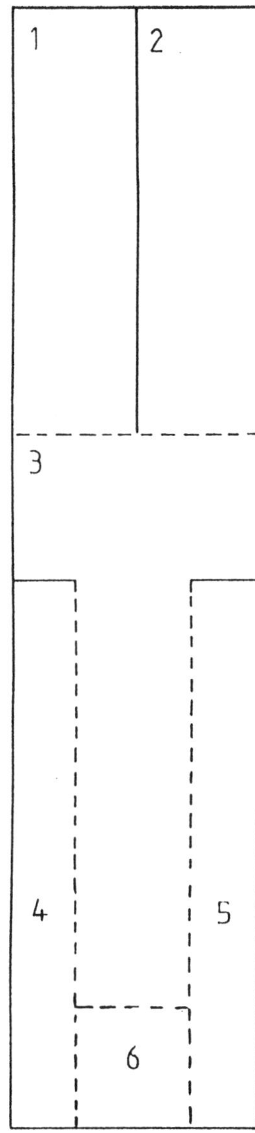

Wie schafft es der Samen, weit weg von dem Ahornbaum zu fliegen, um sich so einen günstigen Platz zum Aufwachsen zu suchen?
Ganz einfach, er nutzt die Gesetze der Aerodynamik aus. Beim Herunterfallen rotiert er um seinen Schwerpunkt und beschreibt dabei eine spiralförmige Bahn. Durch diese Drehbewegung entsteht eine schnelle Luftströmung und damit oberhalb der kleinen „Flügel“ ein Unterdruck. Wenn man genau hinschaut, sieht man, dass der Ahornflügel leicht angekippt ist und deshalb an der Ober- und Unterseite ein unterschiedlicher Druck entsteht. Der Samen gleitet langsam zur Erde und kann auf seinem Flug von einem leichten Windhauch weit fortgetragen werden.

Wir simulieren den Flug des Ahornsamens mit einem selbst gebastelten Fluggerät. Ein Blatt Papier (gut eignet sich ein DIN-A5-Blatt festes Schreibpapier) schneiden wir entlang der durchgezogenen Linien und falten es entlang der gestrichelten Linien. Flügel 1 wird nach vorn, Flügel 2 nach hinten gebogen, Seitenteil 4 nach innen gefaltet und mit Seitenteil 5 überlappt, dann Teil 6 hochgeklappt. Den fertigen „Propeller“ lassen wir von einem erhöhten Punkt fallen. Er beginnt zu rotieren und segelt langsam nach unten.

Mit diesem kleinen Experiment kann man auch die „Autorotation“ (AR) von Hubschraubern erklären. Fällt der Antriebsmotor aus, kann der Pilot die Rotorblätter auf „AR“ stellen und der Hubschrauber segelt wie der Ahornsamen langsam zu Boden. Kurz vor dem Aufsetzen muss der Pilot die Rotorblätter schnell wieder auf Normalstellung bringen, um sanft zu landen.

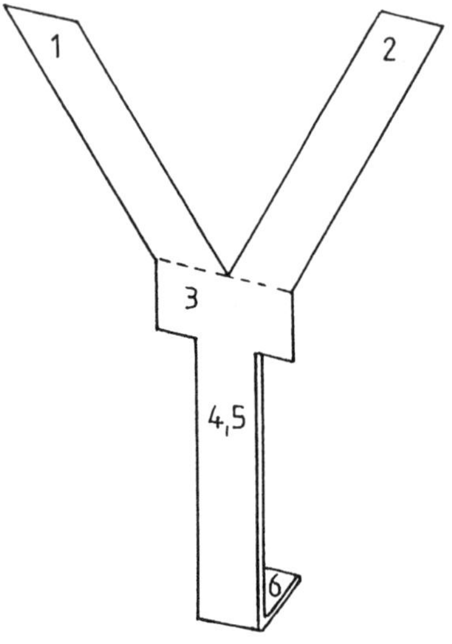

Papierknaller

5–10 festes Papier, Schere

Du brauchst nur ein Blatt Zeitungs- oder Packpapier ungefähr im Format 30 cm x 40 cm.

1. Falte das Papier der Länge nach in der Mitte und öffne es wieder. Die Falzlinie ist sichtbar.
2. Falte alle vier Ecken nach innen, sodass eine Seite davon an der Falzlinie anliegt.
3. Falte das Papier der Länge nach in der Mitte.
4. Falte das Papier in der Mitte – aber diesmal der Breite nach. Öffne das Papier wieder.
5. Falze die am weitesten entfernte Ecke am Mittelfalz entlang nach unten, so wie in Bild 5.
6. Falze das Papier entlang der bereits bestehenden Mittellinie – aber in der anderen Knickrichtung.
7. Halte die beiden spitzen Enden zwischen drei Fingern und ziehe den Papierknaller scharf nach unten. Das Innenteil schießt unter einem heftigen Knall nach außen.

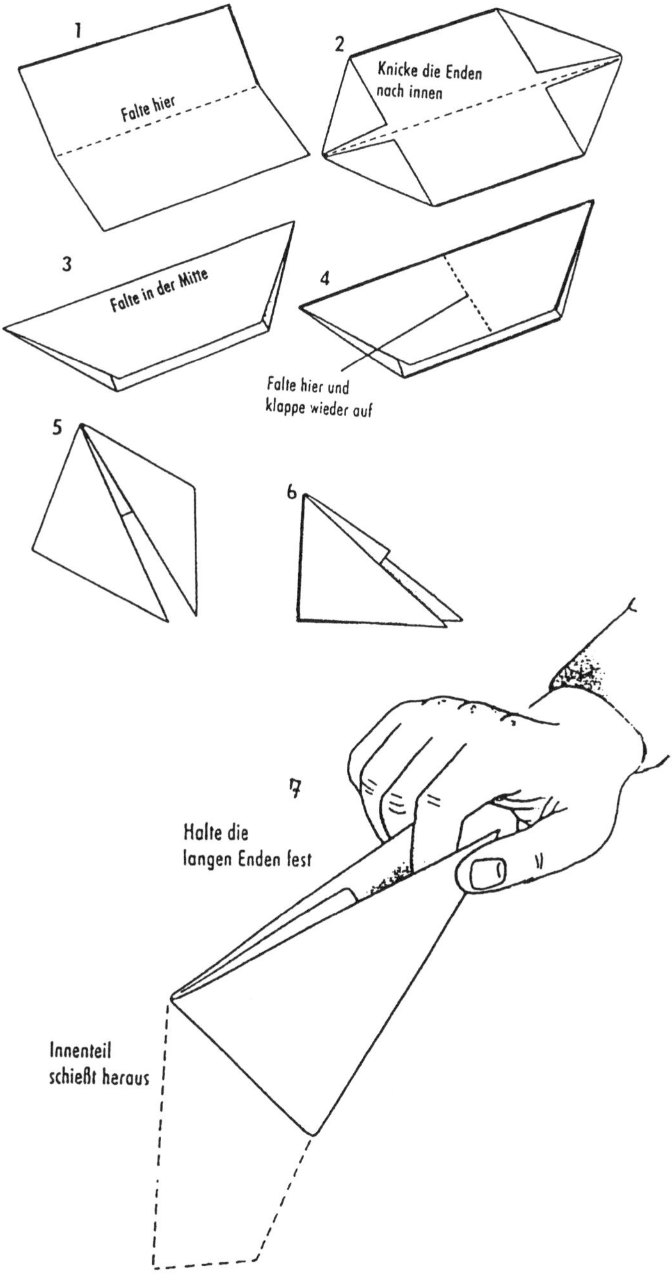
1
Falte hier
2
Knicke die Enden
nach innen
3
Falte in der Mitte
4
Falte hier und
klappe wieder auf
5
6
7
Halte die
langen Enden fest
Innenteil
schießt heraus

Geschenkschachtel

5–10 Papier, Schere, Leim, Lineal, Bleistift

Ein wichtiges Lernziel im handlungsorientierten Unterricht ist das selbstständige Arbeiten nach einer vorgegebenen Anleitung. Lassen Sie Ihre Schüler Schritt für Schritt eine kleine Schachtel anfertigen.

Die Schüler brauchen dazu Geschenkpapier oder biegsames Glanzpapier, Lineal, Stift und Schere. Anfänger benötigen vielleicht Kleber aus der Tube. Zur Übung fertigen sie zuerst eine kleine Schachtel an, für die ein DIN-A4-Schreibmaschinenblatt ausreicht.

1. Zeichne auf die Rückseite des Papiers ein auf einen Eckpunkt gestelltes Quadrat, dessen Diagonalen jeweils 16 cm lang sind. Ziehe im Abstand von 2 cm Gitterlinien. Schneide das Quadrat aus.
2. Schneide entlang der dick gezeichneten Linien vier Einschnitte. Falte die Ecken A und B nach innen, sodass sich ihre Spitzen berühren.
3. Knicke nun die eingeschnittenen Ecken C, D, E und F um die Knickkanten c, d, e und f nach innen.
4. Knicke nun die eingeschnittenen Ecken G und H um die Kanten i und j nach innen. Knicke die beiden Ecken G und H um die Knickkanten g und h wieder nach außen zurück. Falte die Ecken G und H wieder auf.
5. Jetzt knickst du die Außenwände der Ecken A und B entlang der Knickkanten a und b nach oben, bis sie im rechten Winkel zum Schachtelboden stehen.

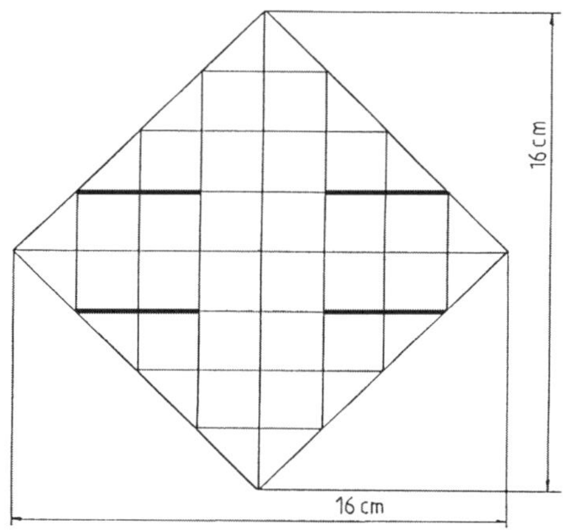

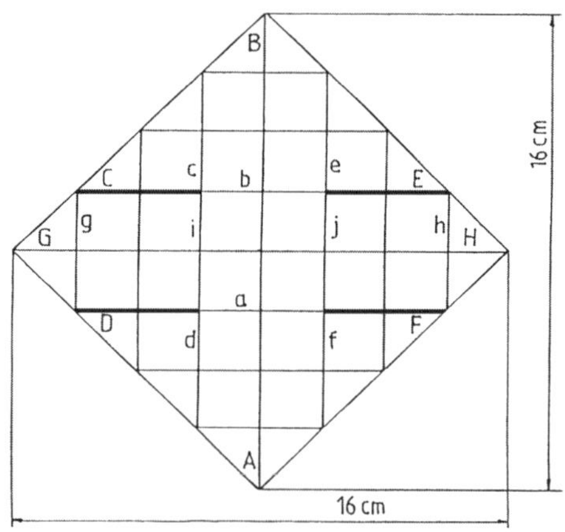

6. Falte die vorgeknickten Seitenteile mit den Ecken C, D, E und F nach innen. Anfänger können die Ecken einander festkleben.
7. Falte die vorgeknickten Ecken G und H um die Seitenteile und die Schachtel ist fertig.

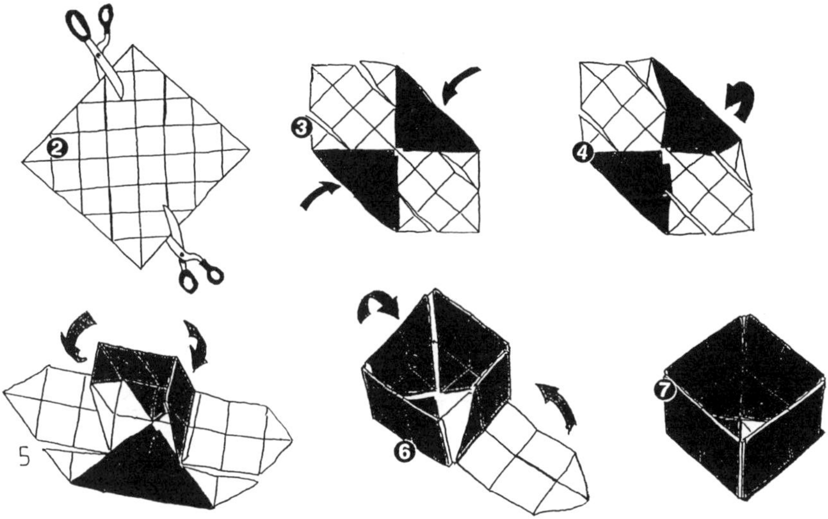

Wenn du einen Deckel anfertigen willst, musst du alle Arbeitsgänge wiederholen – aber denk daran, dass er ein wenig größer sein muss als das Schachtelunterteil. Zeichne das Quadrat also 16,5 x 16,5 cm groß. Der Abstand der Gitterlinien ist auch etwas größer: 21 mm.

Quak, quak

5–7 Arbeitsblatt, Schere

Kopieren Sie diesen lustigen Frosch (Bild 1) auf ein Arbeitsblatt. Die Rahmenmaße 19 cm x 10 cm sollten nicht unterschritten werden.
Die Schüler schneiden das Rechteck aus und knicken es in der Mitte. Dann machen sie bei A einen Schnitt bis x (Bild 2). Der Frosch wird zur Hälfte aufgefaltet. Nun kommt der schwierigste Teil: Die beiden Maulhälften werden entlang der Knicklinien vorsichtig nach innen gefaltet (Bild 3). Dann wird der Frosch noch einmal geknickt und die Knickkanten der Maulhälften kräftig nachgedrückt. Der Frosch ist fertig. Er wird wieder aufgefaltet und links und rechts mit

Daumen und Zeigefinger festgehalten (Bild 4). Wenn man jetzt etwas zieht, öffnet sich das Maul. Verringert man den Zug, schließt sich das Maul wieder. Quak, quak.

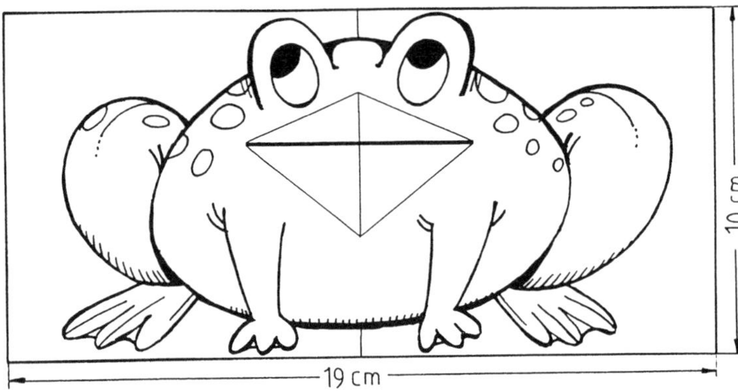

Bild 1

Bild 2 Bild 3 Bild 4

Wunder-Klapp-Karte

5–7 ***DIN-A4-Zeichenkarton, Pappe, Schere, Lineal, UHU-Leim o.a. Kleber***

Du schneidest einen festen Zeichenkarton der Größe DIN-A4 entlang der längeren Seite in zwei gleich große Teile. Du knickst eine Hälfte in der Mitte und hast nun eine Klappkarte in der Postkartengröße 10,5 cm x 15 cm. Aus der anderen Hälfte wird nun das Zubehör ausgeschnitten.
Zuerst zeichnest du eine ca. 10 cm große und 6 cm breite Figur (Bild 1 zeigt eine mögliche Form) auf das Zeichenblatt. Die Füße können ruhig noch breiter sein, vielleicht 9 cm. Schneide die Figur aus. Damit die Figur später beim Auf-

klappen der Karte auch stehen kann, braucht sie eine Stütze. Zeichne die Stütze mit den Umrisslinien und Knickkanten (gestrichelt, siehe Bild 2) auf das Zeichenblatt und schneide sie aus. Klebe die Stütze so auf die geöffnete Klappkarte, wie es Bild 3 zeigt. Stelle die Karte auf und klebe die Figur fest (Bild 4). Wenn du die Klappkarte schließt, ist die Figur verschwunden; öffnest du die Karte, steht die Figur auf.
Jetzt wird weiteres Zubehör gefertigt: Arme, Hände und Hut. Schneide aus dem Kartonrest nach dem Vorbild (Bild 5) Schulter, Arme und Hände aus und klebe das Teil auf die Stütze. Beim Aufklappen bewegen sich die Arme von oben nach unten. Zuletzt schneidest du noch eine weitere Stütze aus. Sie soll bis zur Oberkante der Figur reichen. Festgeklebt wird sie am Hinterkopf der Figur und auf der ersten Stütze. Oben auf die zweite Stütze klebst du dann einen großen Hut, der aber nicht im zugeklappten Zustand über den Kartenrand hinausreichen darf. Fertig ist die „Wunderkarte“.

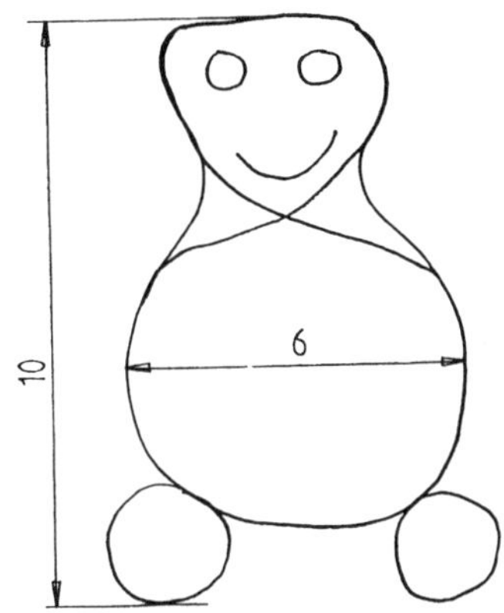

Bild 1

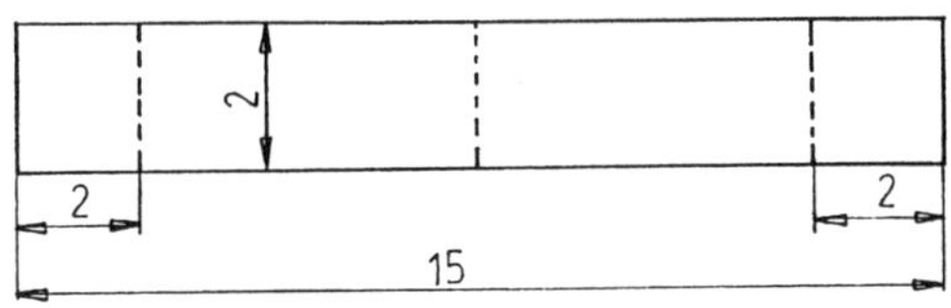

Bild 2

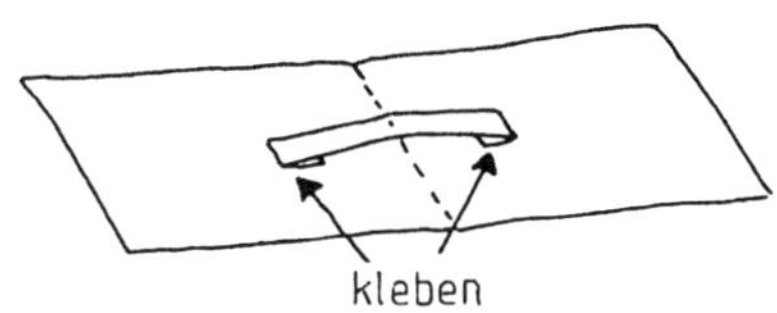

Bild 3

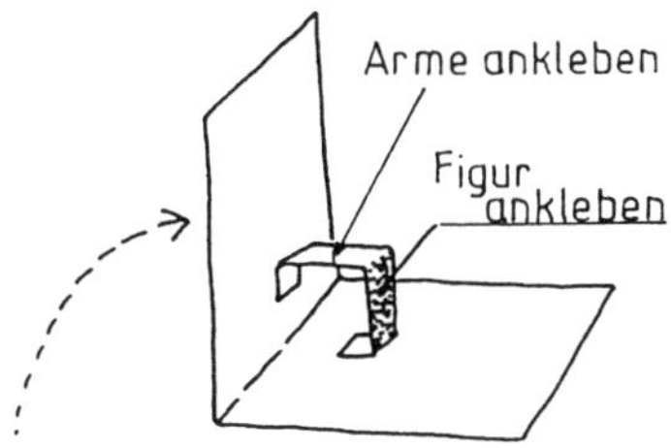

Bild 4

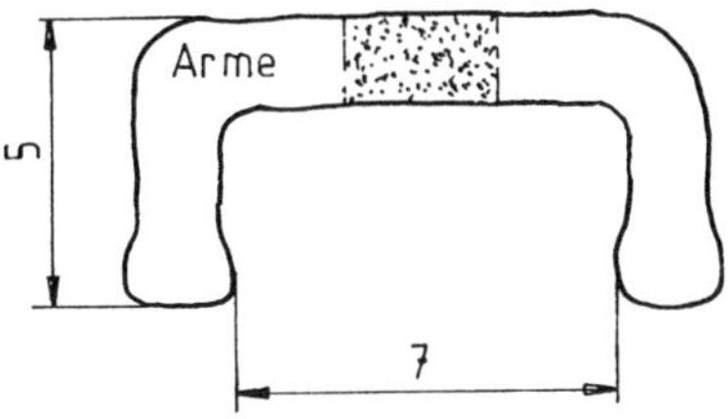

Bild 5

Lauf-Ei

5–8 Pappe, evtl. 2 runde Bierdeckel, Schere, Kleber

Aus der Abbildung geht schon alles hervor: Du schneidest zwei kreisrunde Scheiben gleicher Größe aus Pappe aus und legst die Mittelpunkte fest. Jetzt machst du mit der Schere einen geraden Schnitt bis in die Mitte der einen Scheibe. Vielleicht musst du zweimal schneiden, denn die Schnittbreite soll etwas weniger als die Pappendicke sein. Schiebe die zweite Scheibe bis zum Mittelpunkt in die erste hinein.

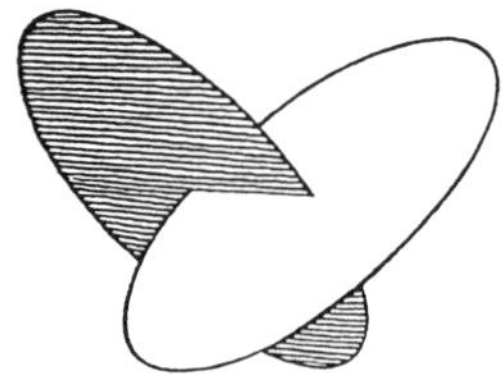

Falls die ineinander gesteckten Scheiben noch wackeln sollten, gib etwas Kleber an die vier Berührungslinien. Stelle das „Laufei" auf den Tisch und puste leicht. Merkwürdig wankelnd läuft das Gebilde davon.
Die Größe der Scheiben ist beliebig, von 3 cm Durchmesser bis Bierdeckelgröße und darüber hinaus ist alles möglich. Größere „Laufeier" kannst du bei Wind draußen auf die Reise schicken.

Knoten knüpfen

7–10 ca. 1 m lange Seilstücke, Arbeitsblatt, Tafelbild

Warum nicht auch einmal handwerkliche Fertigkeiten in eine Vertretungsstunde einbauen? Nutzen Sie die Gelegenheit, Themen, Projekte, Spiele, Handlungen und Tätigkeiten zu vermitteln, die in keinem Lehrplan stehen. Dazu gehört auch das Herstellen von unterschiedlichen Knoten. Dass diese Stunde allen Beteiligten Spaß macht, können Sie mir abnehmen. Und Sie selbst profitieren ebenfalls davon. Vielleicht schon, wenn Sie das nächste Paket schnüren, eine Wäscheleine spannen oder ein Abschleppseil befestigen. Es muss ja nicht gleich eine Strickleiter sein!

Was Sie brauchen: Für jeden Schüler ein ca. 1 Meter langes Seilstück. Gut geeignet sind Nylon- oder Perlonschnüre. Zur Not eignen sich auch dickere Paketschnüre.
Möglichkeiten zur Befestigung bieten: Tisch- oder Stuhlbeine, ein langes Lineal, Zeigestock, Schubladengriff usw. Sie verteilen das Arbeitsblatt als Vorlage (siehe Abbildung) und es kann losgehen.

DIE WICHTIGSTEN KNOTEN UND STEKE

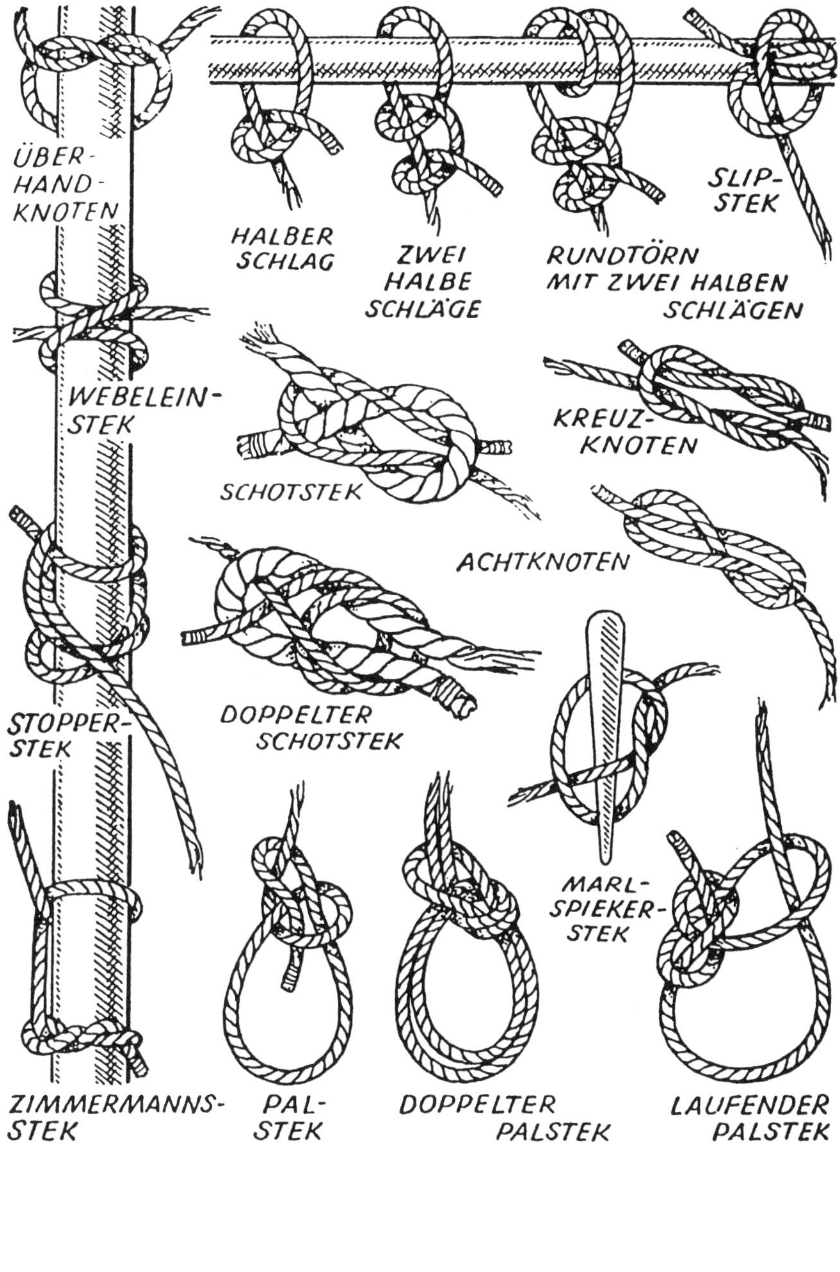

Zuerst lassen Sie die Schüler alle Knoten spielerisch ausprobieren. Dann folgt die systematische Phase: Sie schreiben den Namen des Knotens an die Tafel, den alle Schüler nach der Vorlage anfertigen sollen. Sie gehen herum und bewerten das Ergebnis. Im nächsten Schritt knüpfen die Schüler den Knoten, ohne dass sie als Vorlage ihr Arbeitsblatt benutzen. In der ersten Stunde genügt das Üben von vier bis fünf unterschiedlichen Knoten.

Knoten auflösen

7–10 Zwei ca. 1 m lange Seilstücke, Tafelbild oder Folie

Hier sind zwei Knoten in einen Strick geschlagen. Das Ende A wird festgehalten. Wie muss nun das andere Ende B durch die Schlinge geführt werden, wenn sich beide Knoten auflösen sollen?

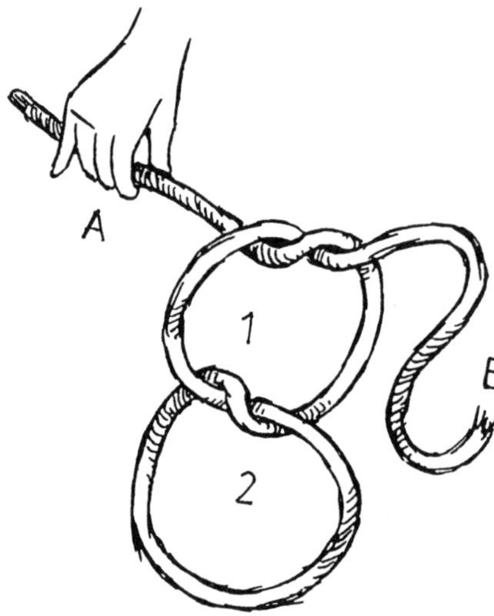

Sie zeichnen die Schlingen so an die Tafel, wie es die rechte Abbildung zeigt. Beim Zeichnen klemmen Sie drei Stück Kreide zwischen Daumen und Zeigefinger, wobei das mittlere Kreidestück etwas zurücksteht. Damit erreichen Sie, dass die beiden Schnurlinien schön parallel laufen. Jeder Schüler bekommt ein ca. 60 cm langes Seilstück und versucht, die Aufgabe zu lösen. Sie geben folgenden Tipp:

„Halte das Seil bei A fest und lege zuerst mit dem freien Ende ein „S“. Schlage dann die beiden Schlingen 1 und 2.“

Lösung:
Die beiden Schlingen müssen genauso aussehen, wie sie abgebildet sind, sonst geht es nicht. Zum Lösen wird das Ende B von vorn durch die untere Schlinge 2 gesteckt. Dann steckt man dasselbe Ende von vorn durch die obere Schlinge 1 – allerdings in den linken Teil, denn das Seilende teilt die obere Schlinge in zwei Teile. Beim Anziehen lösen sich die Knoten.
Die Schüler zeichnen das Tafelbild ab. Dann fertigen sie eine zweite Zeichnung an, aus der hervorgeht, wie man das Ende B durch die beiden Schlingen führt.

Knoten vom Ring lösen

7–10 Vorbereitete Schlinge, Korken, Metallring

An einem Ring aus festem Gummi, Leder oder Papier hängen an einer Schnur befestigt zwei Korken und ein Metallring. Der Metallring muss so eng sein, dass er sich nicht über den Korken streifen lässt. Wie kann man die beiden Korken vom Ring lösen, ohne die Schnur zu zerschneiden?

Sie geben den Lederring mit den beiden Korken und dem Metallring, so wie es das Bild 1 zeigt, von Hand zu Hand – aber niemand wird es schaffen, ohne Gewalt anzuwenden. Schließlich nehmen Sie das „Spielzeug" zurück und führen vor, wie sich der Metallring lösen lässt. Sie legen den Lederring in der Mitte sanft zusammen, schieben den kleinen Metallring darüber, wie es Bild 2 zeigt, und schon sind die beiden Korken frei. Auf die gleiche Weise haben Sie vorher das Ganze so zusammengesetzt, dass es unlösbar erschien.

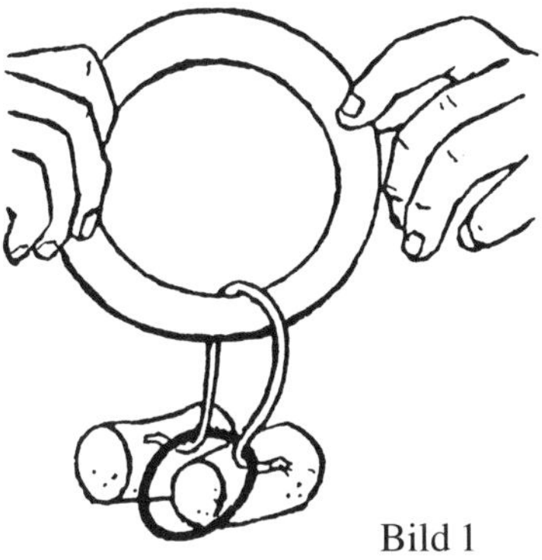

Bild 1

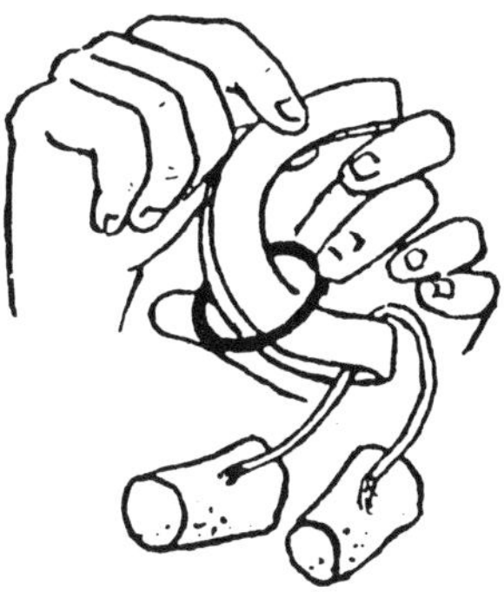

Bild 2

Der verschränkte Knoten

5–10 Schnur

Ein Bindfaden von ca. 50 cm Länge liegt auf dem Tisch. Wer kann einen Knoten knüpfen, während beide Hände je ein Fadenende festhalten? Loslassen oder fremde Hilfe ist natürlich verboten.
Und so geht's: Bevor du die Fadenenden ergreifst, verschränkst du beide Arme vor der Brust. Wenn du die Arme wieder auseinander nimmst, bildet sich der Knoten von ganz alleine.

Wer bist du?

8–10 Filzstift, Zeichenpapier

Jeder Schüler braucht einen Filzstift und ein festes Blatt Zeichenpapier oder Zeichenkarton in der Größe DIN-A4. Zwei Schüler arbeiten zusammen. Einer hält das Papier von hinten vor das Gesicht des anderen Schülers. Mit einem Filzstift malt dieser nun blind sein eigenes Gesicht. Er macht noch ein kleines Zeichen am unteren Bildrand, damit das Konterfei auch später wieder erkannt werden kann und legt das fertige Bild verdeckt auf den Tisch. Dann wird gewechselt und der andere malt auf die gleiche Weise sein Gesicht.
Wenn alle fertig sind, sammeln Sie die Bilder ein, ohne dass die Schüler ihr eigenes oder das der anderen sehen können. Zum Schluss werden die Porträts der Reihe nach erraten.

Ein Haus in Perspektive

9–10 ***DIN-A4-Zeichenpapier, Lineal, Bleistift, Radiergummi, Tintenstift***

Es ist gar nicht so schwierig, ein Haus in Perspektive zu zeichnen, wenn man Schritt für Schritt den Anweisungen des Arbeitsblattes folgt. Noch ein wichtiger Hinweis an die angehenden Architekten: „Fange an, mit ganz dünnen Strichen zu zeichnen, damit man diese später wegradieren kann. Erst wenn alle Umrisse fertig sind, ziehe die Hauskanten mit einem Tintenstift dick nach.“

1. Auf ein DIN-A4-Blatt in Querlage zeichnest du etwa 8 cm vom unteren Rand eine waagerechte Linie a und markiert am Rand rechts und links die Fluchtpunkte L und R (die Linie a stellt die gedachte Augenhöhe dar). Zeichne etwa 10 cm von L entfernt die Gebäudekante b. b soll etwa 3 cm über und 1,5 cm unter der Augenhöhe a liegen. Verbinde die Spitze und den Fußpunkt von b mit den beiden Fluchtpunkten L und R.

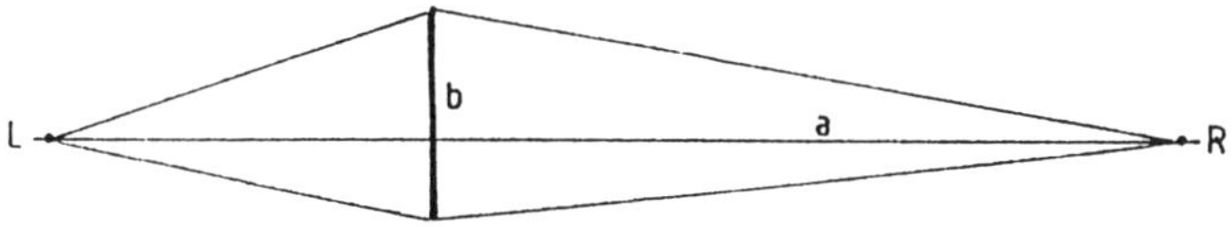

2. Wähle die Länge der rechten Hausseite (etwa 5 cm von b aus) und zeichne die senkrechte Hauskante c. Mache nach links dasselbe (etwa 2,5 cm) und zeichne die Kante d. Konstruiere die verdeckte Kante e, indem du den Kopf- und Fußpunkt der Kante c mit dem Fluchtpunkt L verbindest und das Gleiche mit der Kante d machst – nur wird diese mit R verbunden. Die verdeckte Hauskante e ist die Verbindung der beiden Schnittpunkte. Verdeckte Kanten werden gestrichelt gezeichnet.

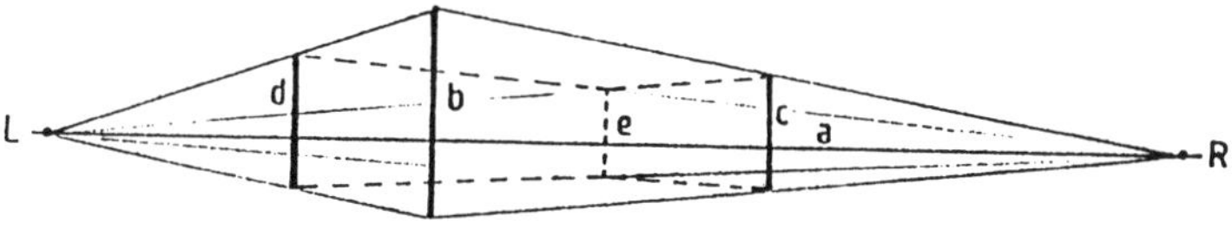

3. Suche den perspektivischen Mittelpunkt M der Giebelseite, indem du die beiden Diagonalen von den Hausecken d und b ziehst. Wähle die Firsthöhe z.B. 3,5 cm (von M aus gemessen). Verbinde den Firstpunkt H mit den Spitzen von b und d und du erhältst die beiden vorderen Dachschrägen f und g. Die Dachfirstlinie erhältst du, wenn du H mit dem rechten Fluchtpunkt R verbindest.

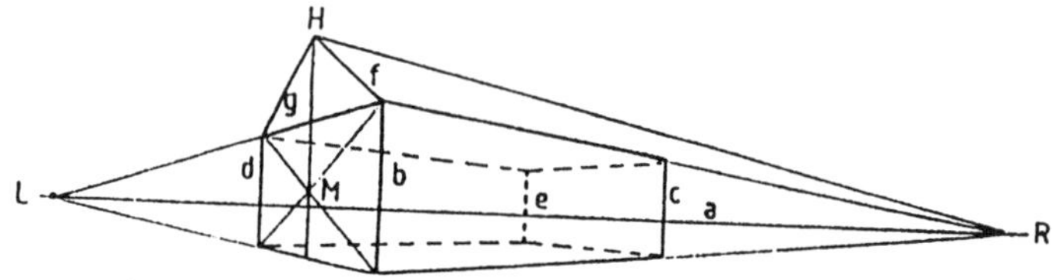

4. Um die hintere Dachschräge zeichnen zu können, fehlt noch der obere Fluchtpunkt O. Den findest du, indem du von L aus eine Senkrechte zu a nach oben ziehst und mit der verlängerten Dachschräge f zum Schnitt bringst. Verbinde O mit der Spitze von c und die hintere Dachschräge h liegt fest. Die verdeckte vierte Dachkante lässt sich jetzt auch zeichnen: Es ist die Verbindung der hinteren Firstkante mit dem Kopfpunkt von e.
Den unteren Fluchtpunkt P findest du, wenn du die Dachschräge g nach unten verlängerst und mit der Senkrechten unter L zum Schnitt bringst. Aber leider ist dafür das Blatt zu klein; du kannst dir aber den Schnittpunkt P irgendwo auf deinem Tisch vorstellen.

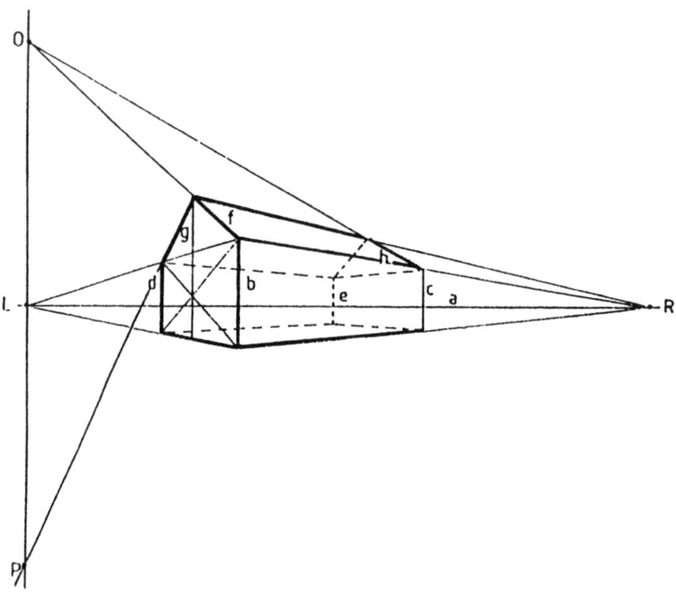

5. Das Haus soll einen Dachüberhang erhalten. Lege den Punkt A fest, indem du den First von H aus etwas verlängerst, z.B. 0,5 cm. Verbinde A mit dem unteren Fluchtpunkt P (der irgendwo auf deinem Zeichentisch liegt) und lasse die Linie bei B enden (B kann frei gewählt werden). Verbinde B mit dem rechten Fluchtpunkt R, es ist die verdeckte Traufenlinie des hinteren überhängenden

Daches. Zeichne nun vom oberen Fluchtpunkt O eine Linie bis A und verlängere sie über A hinaus. Die Dachecke C ist der Schnittpunkt dieser Linie mit der Verlängerung von L über B. Die Linie von C zum rechten Fluchtpunkt R ist die vordere Traufenlinie.
Die Ecke D findest du, wenn du die Firstlinie um die Strecke $\approx \frac{1}{2}$ HA nach hinten verlängerst (etwas weniger als HA, denn nach hinten verkürzen sich die Strecken). Markiere Punkt E. Jetzt verlängerst du die Linie OE und erhältst D – die Endkante der sichtbaren Dachtraufe.

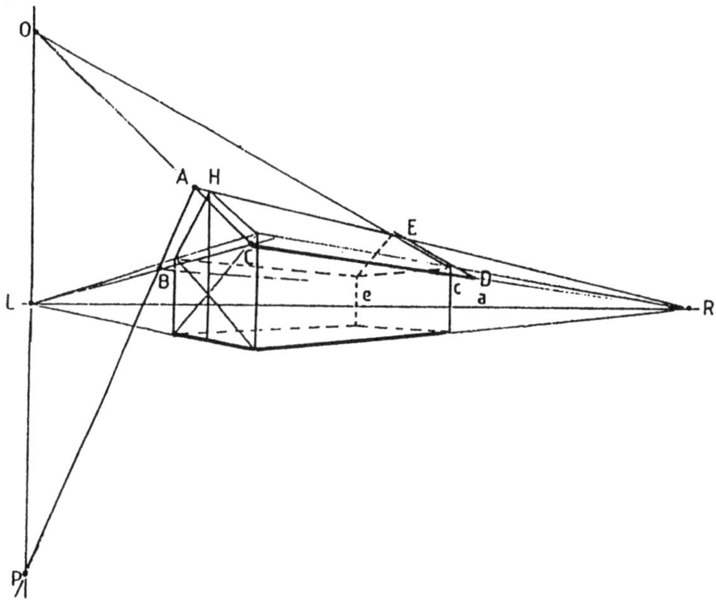

6. Baue einen Kamin ein. Dazu ziehst du eine Senkrechte h als Vorderkante des Kamins an beliebiger Stelle auf dem Dach. Lege die Kaminhöhe im Punkt F fest. Ziehe dann von F aus Linien zu den beiden Fluchtpunkten L und R. Lege fest, wie breit der Kamin zu jeder Seite sein soll und ziehe zwei senkrechte Linien l (für links) und r (für rechts). Der Schnittpunkt der linken Linie l mit dem Dachfirst wird mit O verbunden und nach unten verlängert bis zum Schnittpunkt mit der Linie h. Du erhältst den Schnittpunkt G. Zum Schluss verbindest du G mit R. Diese Linie schneidet die rechte Kaminkante in l und der Kamin ist fertig. Ziehe die fertigen Umrisslinien dick nach. Auch die Umrisslinien des fertigen Daches kannst du jetzt dick nachziehen. Deine Zeichnung müsste dann so wie auf S. 170 oben aussehen.

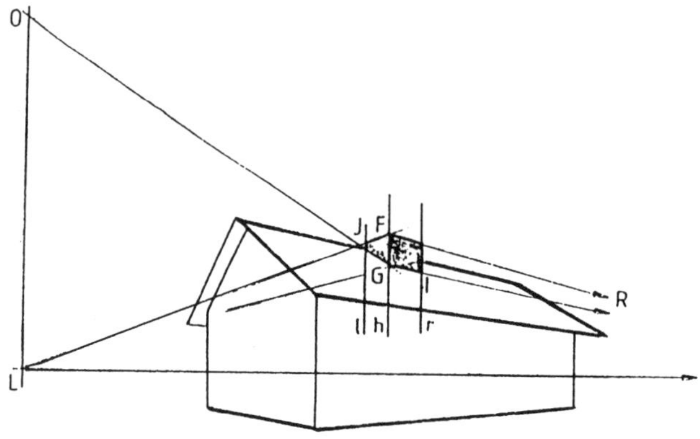

7. Eine Tür in der Frontseite und zwei Fenster in der Längswand? Nichts einfacher als das. Dazu legst du an der Senkrechten, die durch M geht, die Türhöhe T fest. Die Verlängerung von L über T bis J gibt die Höhe des Türsturzes an. Die Türbreite findest du, wenn du links und rechts zwei Senkrechte bis zum Sturz ziehst – aber denke daran, dass rechts etwas mehr von der Tür zu sehen ist als links.

Die Verbindungslinie JR soll die Oberkante der beiden Fenster sein. Lege an der vorderen Hauskante b die Fensterhöhe fest und ziehe eine Linie bis zum rechten Fluchtpunkt R. Die Breite der beiden Fenster kannst du frei wählen. Das Haus ist fast fertig. Du musst nur noch die restlichen Umrisslinien dick nachziehen und die überflüssigen Linien wegradieren.

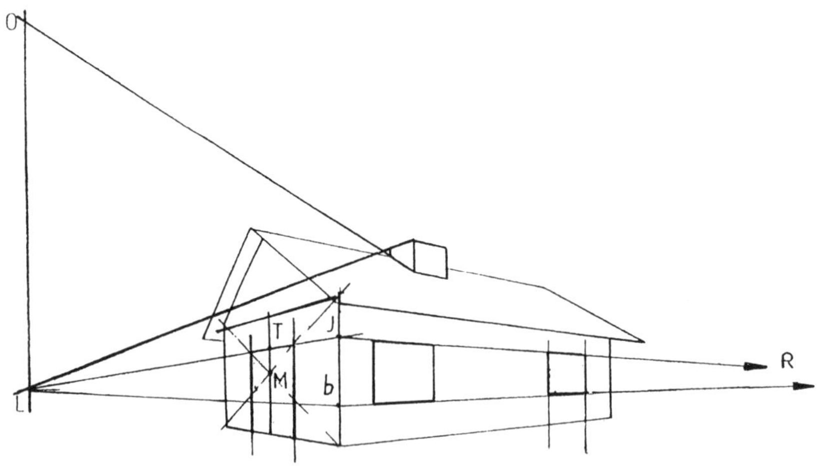

Und so sieht unser fertiges Haus aus:

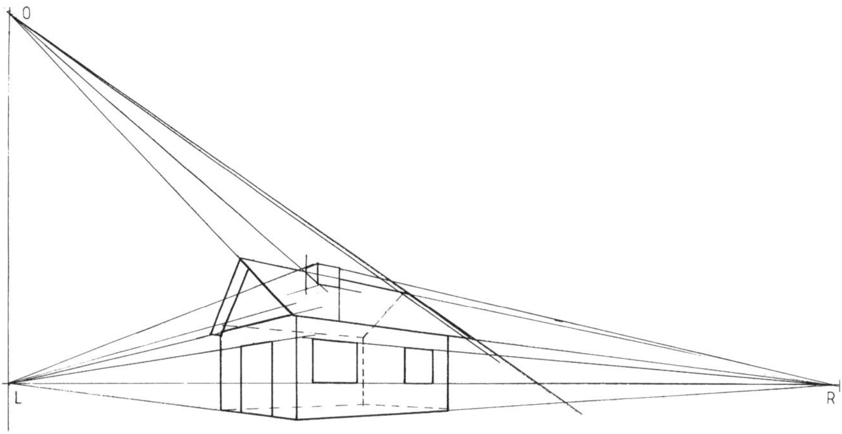

Spiegelbilder

6–10 Arbeitsblätter

Am besten, Sie legen mehrere Arbeitsblätter an und verteilen sie an die Schüler. Diese sollen zu den vorgegebenen Linien das entsprechende Spiegelbild zeichnen. Die Linie x ——— x stellt eine Spiegelachse dar. Damit auch alle verstehen, was gemeint ist, führen Sie eine Aufgabe an der Tafel vor.

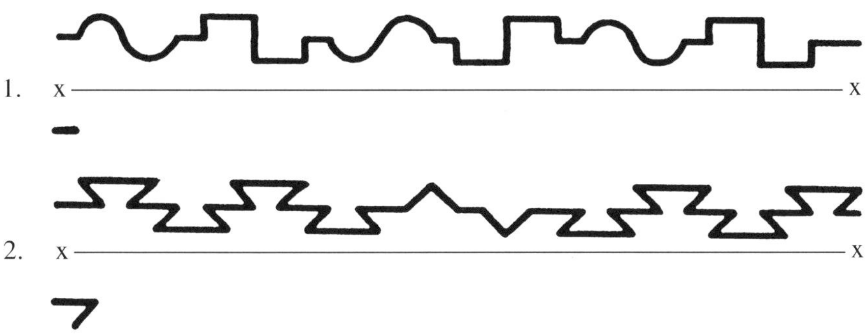

3.

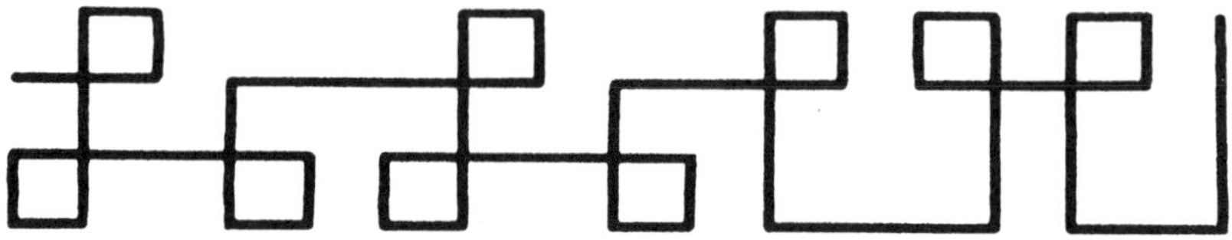

x x

4. x x

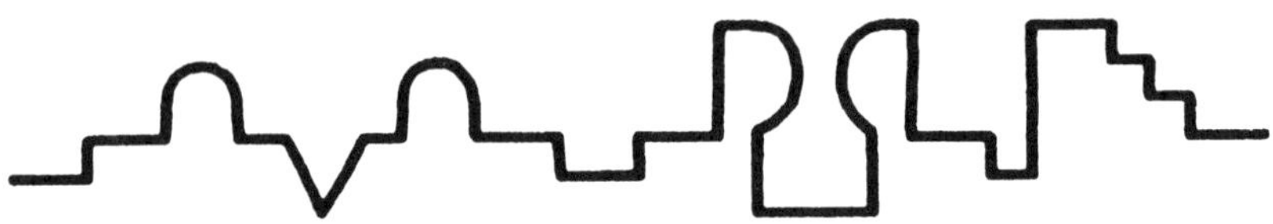

5. x x

Lösungen:

1.

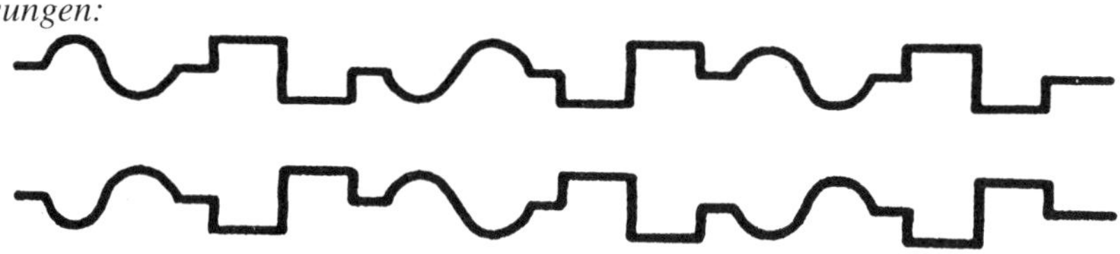

2.

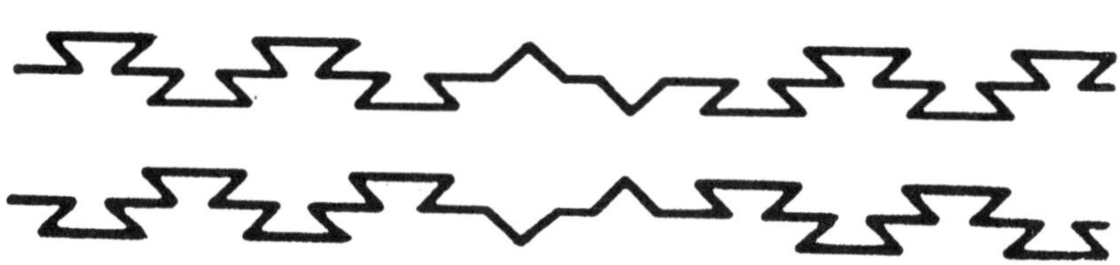

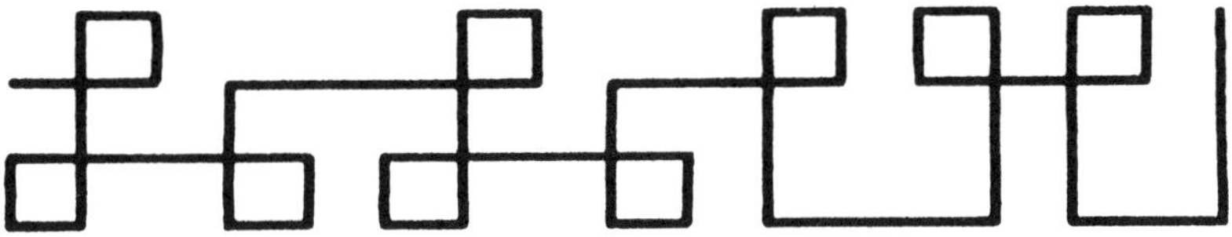

3.

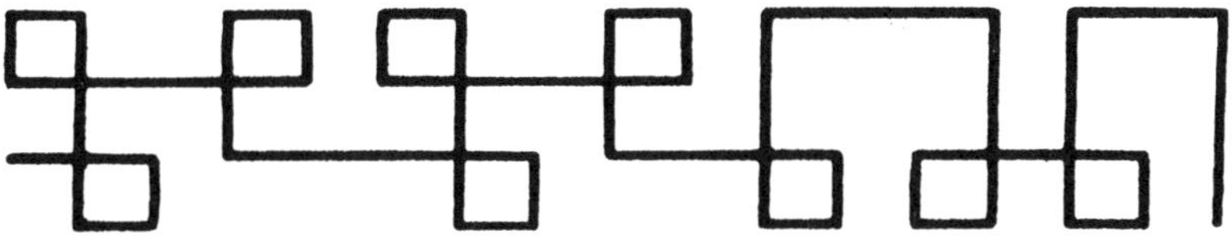

4.

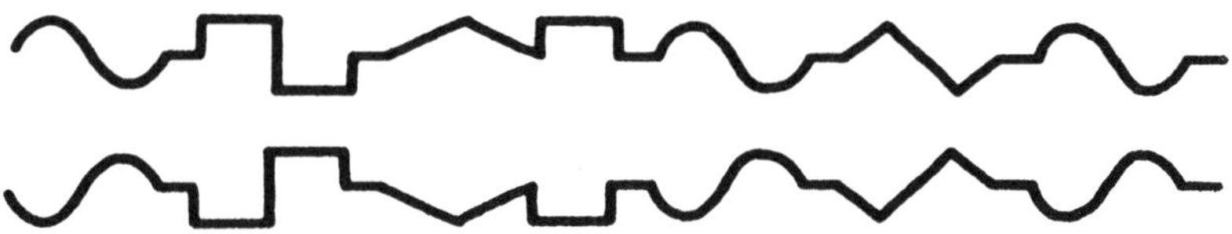

5.

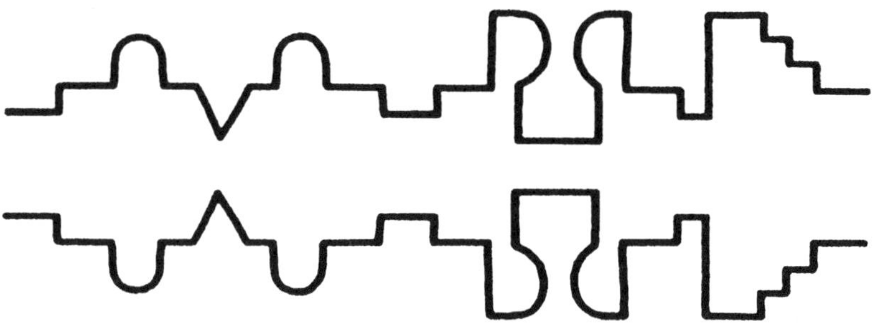

Würfel (Raumvorstellung)

8–10	***DIN-A4-Papier (Zeichenkarton), Lineal, Bleistift, Zeichendreieck, Kleber***

Schüler, die Schwierigkeiten haben, sich einen um mehrere Achsen gekippten Würfel vorzustellen, bauen sich einen kleinen Würfel aus Papier (siehe auch auf Seite 58 die Übung „Raumvorstellung“). Die Zeichnung zeigt die Abwicklung eines Würfels mit einer Kantenlänge von 6 cm. Bei den dünnen Linien handelt es sich um Knickkanten; die dunkel eingefärbten Teile sind Klebeflächen. Auf die Würfelflächen schreibst du die Ziffern 1 bis 6. Achte beim Falten darauf, dass die Ziffern außen liegen.

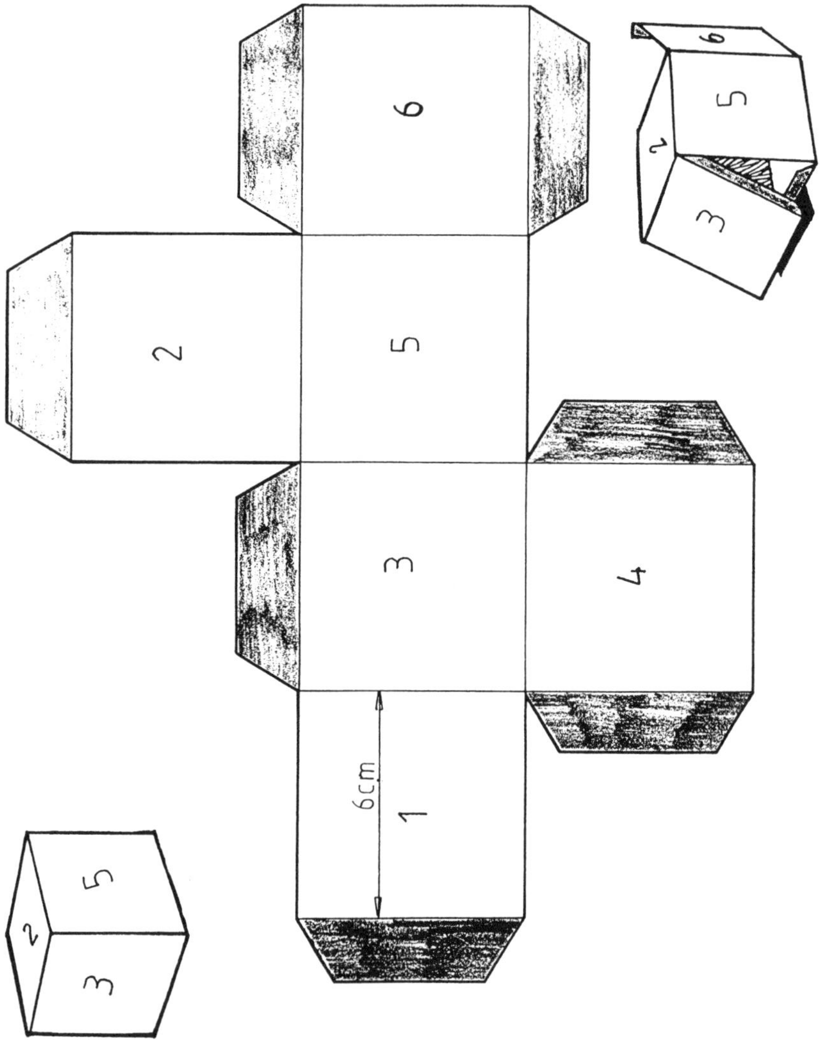

In einem Zuge

7–10 Schreibutensilien, Tafelbild oder Arbeitsblatt

Kannst du Bild 1 abzeichnen? Nichts einfacher als das. Deshalb stelle ich eine etwas schwierigere Aufgabe:
Du sollst die Zeichnung in *einem Zuge* ausführen – also vom Beginn bis zum Ende der Zeichnung darf der Stift nicht vom Blatt abgesetzt werden. Die Linien dürfen sich zwar kreuzen, aber es ist nicht erlaubt, eine Strecke mehrmals zu überfahren. Die Zahlen sind angebracht, damit du die Lösung aufschreiben kannst.

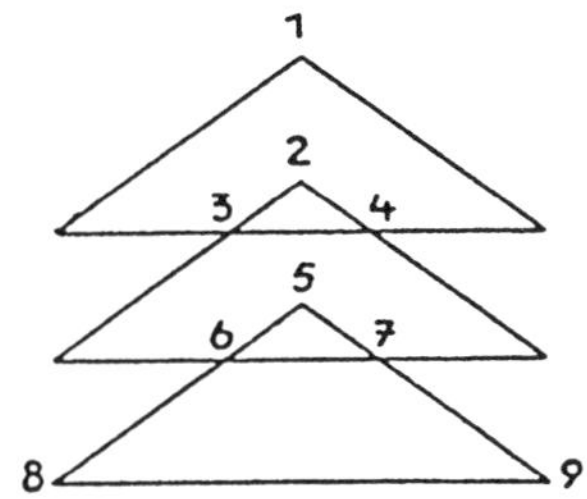

Bild 1

Es folgen 8 weitere Aufgaben, die du in einem Zuge zeichnen sollst. Schreibe die Lösungszahlen auf!

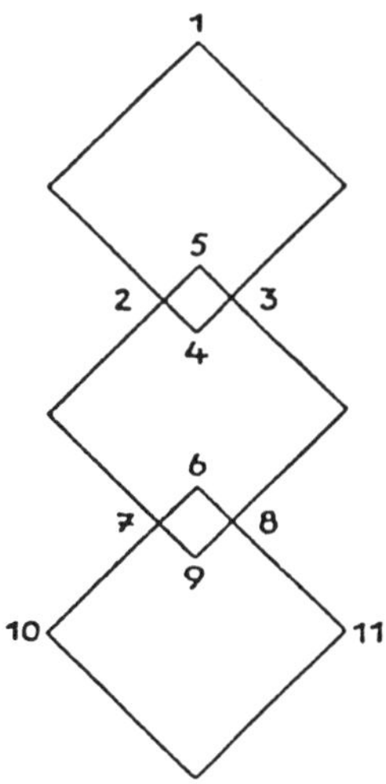

Bild 2

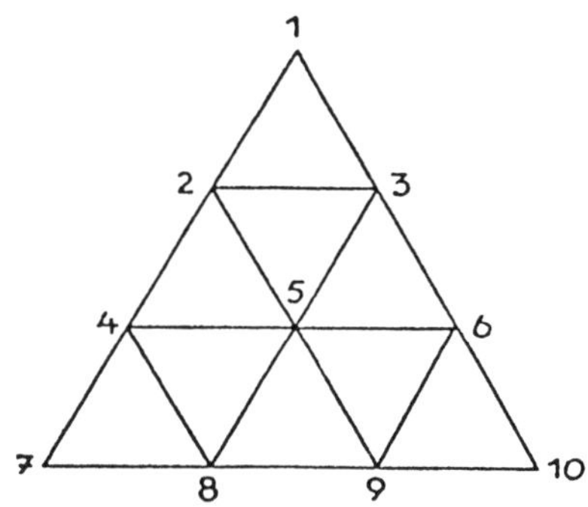

Bild 3

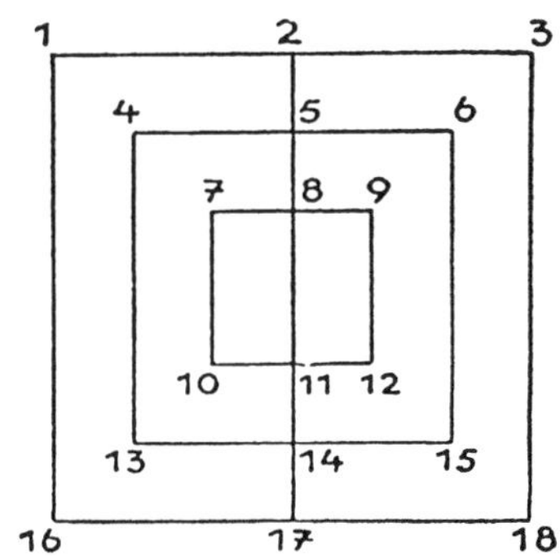

Bild 4

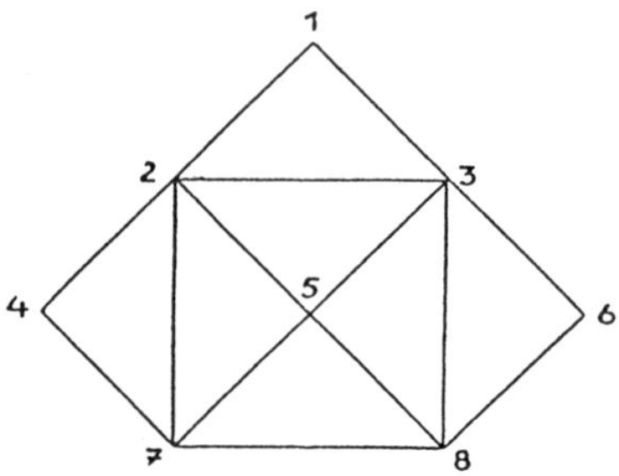

Bild 5

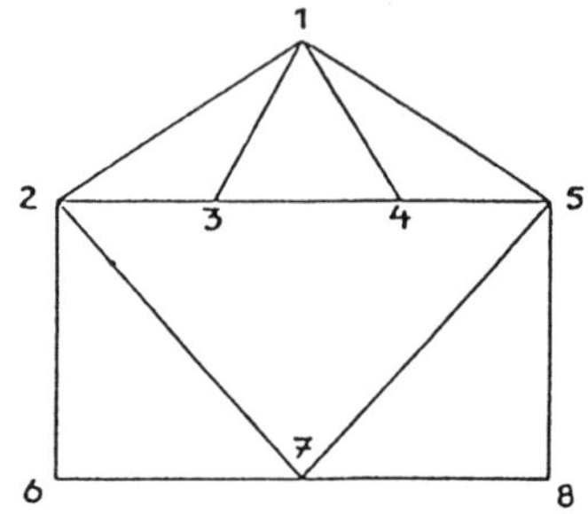

Bild 6

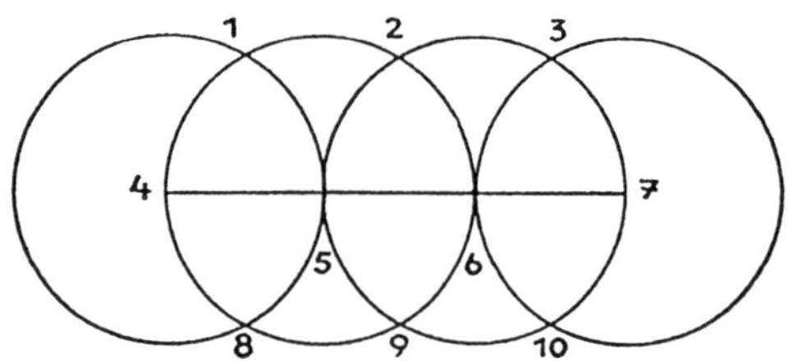

Bild 7

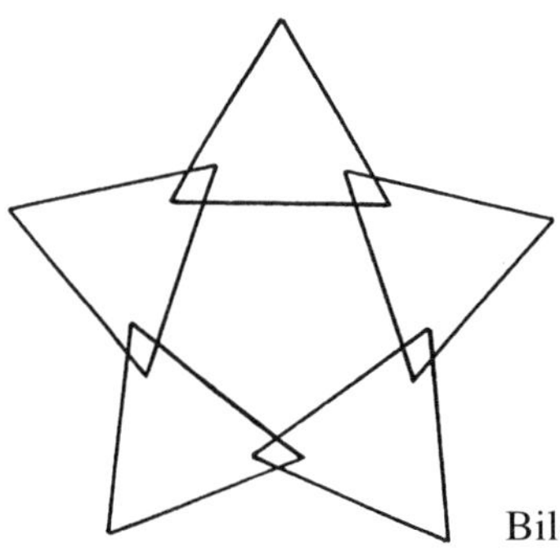

Bild 8

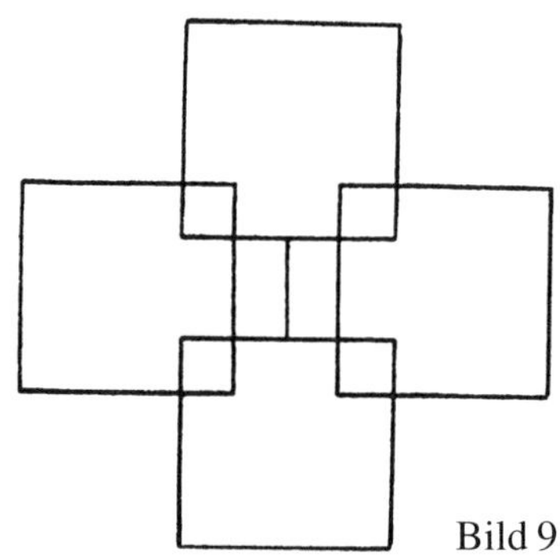

Bild 9

Lösung von Bild 1: 1 3 4 2 3 6 7 5 6 8 9 7 4 1

Lösungen:

Bild 2: 1 2 4 3 5 2 7 9 8 6 7 10 11 8 3 1

Bild 3: 1 2 4 7 8 9 10 6 9 5 8 4 5 6 3 5 2 3 1

Bild 4: 2 1 16 17 18 3 2 5 4 13 14 15 6 5 8 7 10 11 12 9 8 11 14 17

Bild 5: 2 7 5 3 8 5 2 3 6 8 7 4 2 1 3

Bild 6: 3 1 2 6 7 2 3 4 5 8 7 5 1 4

Bild 7: 4 1 2 6 9 8 4 5 1 8 5 2 3 7 10 9 5 6 3 10 6 7

Bild 8 und 9: Suche selbst eine Lösung.

6. Natur und Technik

Lärm

10	***4 bis 6 gleiche Fahrradklingeln, Arbeitsblatt, 2 Folien mit je 25 Wörtern***

In der Technik müssen wir unterscheiden zwischen der Lautstärke, mit der wir einen Ton empfinden und der Schallstärke – der tatsächlichen Schallenergie. Die Lautstärke messen wir in Dezibel (dB). Sie ist nur ein subjektives Maß, denn sie wächst glücklicherweise viel langsamer an als die Schallstärke, die in Watt/m^2 gemessen wird. Ein Düsenjäger, der in geringer Höhe über uns hinwegfliegt, hat eine Lautstärke von über 120 Dezibel (dB). Dieser Wert wird für den Menschen gleichzeitig als Schmerzgrenze angesehen. Ein mechanischer Wecker hat eine Lautstärke von 12 dB. Wie groß ist dann die Lautstärke von 10 Taschenuhren?

Die Schüler werden ohne weiteres einsehen, dass die Lautstärke von 10 Taschenuhren wesentlich kleiner ist, als von einem über uns hinwegdonnernden Düsenjäger. Und ein Motorrad ohne Schalldämpfer macht den gleichen Lärm wie hundert Motorräder mit Schalldämpfern.

Die Dezibel-Angabe für die Lautstärke hat einen entscheidenden Nachteil: Töne verschiedener Frequenz, aber mit der gleichen dB-Zahl erscheinen uns verschieden laut. Deshalb hat man die Phon-Skala eingeführt. Diese stimmt nur bei einer Frequenz von 1000 Hertz mit der Dezibel-Skala überein. Für andere Frequenzen wird die Phonzahl durch Hörvergleiche mit einem 1000 Hertz-Ton bekannter Lautstärke bestimmt.

In dieser Vertretungsstunde behandeln Sie das Thema Lärm. Ich gebe Ihnen einige Tipps, wie Sie auch als „Nichtphysik-Lehrer" einen interessanten Unterricht gestalten können. Sie benötigen lediglich vier bis sechs gleiche Fahrradklingeln und zwei Folien. Auf den Folien notieren Sie jeweils 25 einfache Wörter. Es soll kein Wort doppelt vorkommen.

Jetzt zum Klingelexperiment. Sechs Schüler bekommen je eine Fahrradklingel und stellen sich vor die Klasse. Die anderen Schüler drehen sich um. Sie geben ein Zeichen und zwei Schüler klingeln gleichzeitig. Frage an die Zuhörer: „Wie viele Klingeln haben gleichzeitig geklingelt?" Sie variieren die Anzahl der klingelnden Schüler und fragen wieder. Sie werden sich wundern, wie viele unterschiedliche Antworten kommen.

Die Schüler legen ein Arbeitsblatt an.

Versuch Nr.	Anzahl der Schallquellen		Lautstärke
	geschätzt	tatsächlich	dB(A)
1		5	67
2		6	67,5
3		1	60
4		4	66
5		2	62,5
6		3	64,5

Die Werte für die Anzahl der tatsächlichen Schallquellen und die Lautstärke diktieren Sie nach Beendigung der Versuchsreihe. Fordern Sie die Schüler auf, in einem Diagramm die Abhängigkeit der Lautstärke von der Anzahl der Schallquellen aufzuzeichnen.

Wie sehr Lärm oder auch Musik und Gespräche die Konzentrationsfähigkeit beeinflussen, soll das folgende Experiment demonstrieren:
Sie haben 25 einfache Wörter auf eine Overheadfolie geschrieben. Eine Minute haben die Schüler Zeit, sich diese Wörter einzuprägen, dann schalten Sie den Projektor aus. Nun sollen die Schüler aus dem Gedächtnis innerhalb von zwei Minuten möglichst viele Wörter aufschreiben. Nach einer kleinen Verschnaufpause wiederholen Sie den Versuch mit 25 anderen Wörtern, die Sie auf die zweite Folie geschrieben haben. Nur werden jetzt die Schüler von einer Geräuschquelle abgelenkt, z.B. einer Fahrradklingel, die Sie ab und an betätigen (oder Sie schalten ein Kofferradio ein ...).
Das Ergebnis dieser beiden Versuche können Sie bestimmt vorhersagen. Vielleicht veranlasst dieses kleine Experiment einige Schüler, bei der Erledigung ihrer Hausaufgaben auf Begleitmusik zu verzichten.

Ein Loch in der Hand

6–10 Papierbogen

Ein Stück Schreibpapier wird zu einer Röhre gerollt. Du schaust mit dem linken Auge durch die Röhre, während das rechte Auge ebenfalls geöffnet bleibt. Brillenträger nehmen dazu die Brille ab. Nun halte die Handfläche deiner rechten Hand mit der Handkante gegen die Papierröhre (s. Abb.). Die Hand soll ca. 10-15 cm vom Auge entfernt sein und mit der Innenfläche zu dir zeigen. Was stellst du fest?

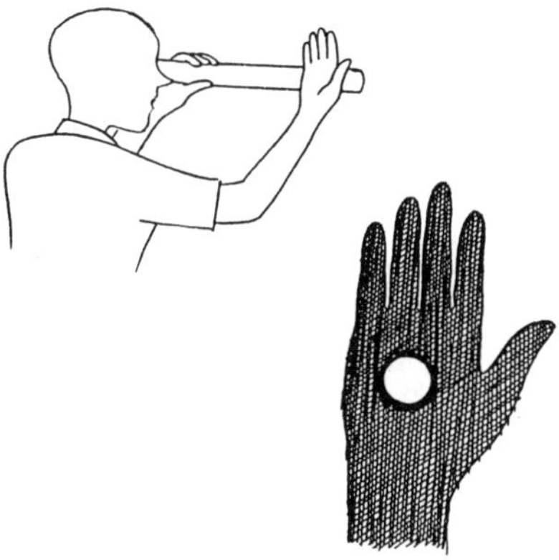

Du siehst ein großes helles Loch mitten in deiner Hand! Woher kommt das Loch?

Beim gewöhnlichen Sehen erblicken wir die Gegenstände doppelt. Im Gehirn werden jedoch beide Bilder so zur Deckung gebracht, dass wir den Eindruck von nur einem einzigen Bild bekommen. Halten wir jetzt das Rohr an das linke Auge, so erblickt dieses nur einen kleinen, runden Ausschnitt des entfernt liegenden hellen Hintergrundes; die Hand aber sieht es überhaupt nicht.

Das rechte Auge hingegen sieht den ganzen Hintergrund und auch die Hand. Im Gegenlicht erscheint die Hand dunkel.
Gelangen die unterschiedlichen Bilder, die beide Augen sehen, im Gehirn zur Deckung, so geschieht Folgendes: Der kreisrunde Ausschnitt des hellen Hintergrundes, den das linke Auge durch das Rohr sieht, kommt über das Bild des rechten Auges zu stehen, und zwar dort, wo die im Gegenlicht dunkel erscheinende Hand gesehen wird. Dadurch wird der Eindruck erweckt, man blicke durch ein kreisrundes Loch, das mitten in der Hand klafft.

Mondlandung

6–10 Postkarte o.Ä., Stecknadel

Markiere mittels zweier Diagonalen den Mittelpunkt auf einem postkartengroßen Stück Papier. Zeichne 2 cm links vom Mittelpunkt einen Kreis von 2,5 cm Durchmesser. Dieser Kreis soll den Mond darstellen, auf dem gleich eine Rakete startet und landet. Zeichne etwa 3 cm rechts vom Mittelpunkt eine 2 cm große Rakete mit der Spitze nach oben. Male die Rakete schwarz aus. Nun steckst du eine Stecknadel durch den Mittelpunkt. Der Stecknadelkopf befindet sich auf der Bildseite.

Halte das Stück Papier vor ein helles Licht und führe es an deine Augen. Deine Nase muss den Stecknadelkopf berühren. Die Rakete befindet sich jetzt nicht mehr rechts vom Mittelpunkt, sondern startbereit auf dem Mond.
Drehe jetzt die Karte gegen den Uhrzeigersinn. Die Rakete hebt ab und verschwindet im Weltraum. Wenn du weiterdrehst, landet sie wieder auf dem Mond.

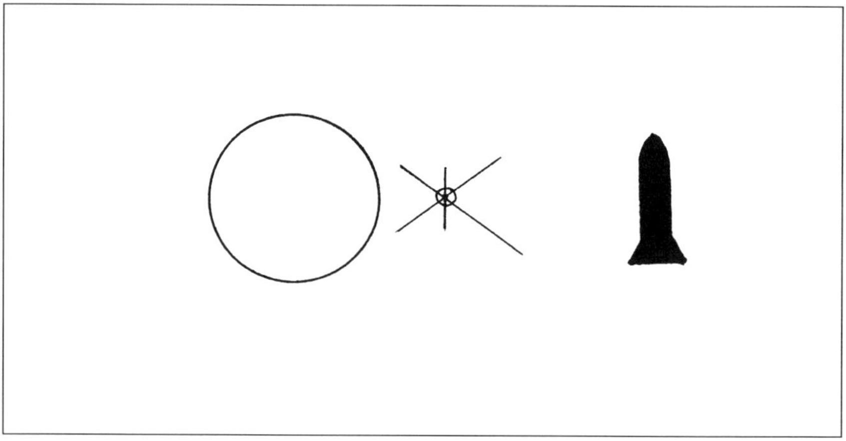

Zuerst sieht das rechte Auge nur die Rakete und das linke Auge den Mond. Diese beiden Bilder werden im Gehirn zu einem Bild zusammengefügt. Scheinbar befindet sich jetzt die Rakete auf dem Mond. Dreht man das Bild gegen den Uhrzeigersinn, verfolgen beide Augen den Weg der Rakete.

Scheinfinger

6–10

Lege den rechten und den linken Zeigefinger zusammen. Drehe die Finger so, dass du deine beiden Fingernägel sehen kannst. Jetzt halte die beiden Finger ca. 30 cm von der Nase entfernt. Fixiere erst einmal die Fingerspitzen und schaue dann über die Finger hinweg zur gegenüberliegenden Wand. Was stellst du fest? Zwischen die beiden Finger hat sich ein dritter, kurzer Finger gesetzt. Und der hat auf beiden Seiten Fingernägel! Wenn du jetzt (du schaust immer noch auf die gegenüberliegende Wand) deine Fingerspitzen langsam voneinander entfernst, wird der dritte Finger immer kürzer, bis du nur noch einen runden Fingernagel siehst. Schließlich verschwindet er ganz.

Erklärung: Wenn du über deine Finger hinweg die Wand anschaust, stellen sich die Augen scharf auf die Wand ein. Die Wand erscheint als ein Bild auf der Netzhaut. Die Finger liegen aber im Nahbereich. Sie werden auf der Netzhaut abgebildet, ohne dass sie sich zu einem Bild vereinen. Das hat zur Folge, dass man die Spitzen beider Finger doppelt sieht. Das Doppelbild vereinigt sich schließlich zu einem länglichen „Scheinfinger".

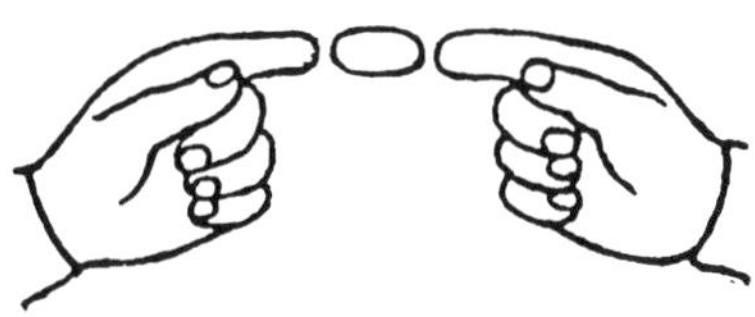

Blinder Fleck

6–10

Auf der Netzhaut des Auges gibt es eine Stelle, wo der Sehnerv abzweigt und zum Gehirn führt. Hier gibt es weder Stäbchen noch Zäpfchen, die uns das Schwarzweiß- und Farbensehen ermöglichen. Man nennt diese Stelle den „Blinden Fleck". Wie kann man den Blinden Fleck ausfindig machen?

Die Schüler zeichnen ein schwarzes Kreuz und im Abstand von 11 cm einen schwarzen Kreis auf ein weißes Blatt Papier. Dann halten sie mit der rechten Hand das Blatt weit von sich. Mit der linken Hand bedecken sie das linke Auge. Nun fixieren sie mit dem rechten Auge das Kreuz und bewegen langsam das Blatt Papier auf sich zu. Plötzlich verschwindet der schwarze Kreis und bei weiterer Annäherung taucht er wieder auf. Der schwarze Kreis war für kurze Zeit im Bereich des Blinden Flecks verschwunden.

Aus schwarz wird bunt

6–10 ***Zeichenkarton oder weiße Pappe, Schere, schwarze Tinte oder Tusche, schwarzer Filzschreiber, Lineal, Schere, Zirkel, Bleistift, Stecknadel***

Aus dünnem, weißen Zeichenkarton schneiden wir zwei kreisrunde Scheiben von etwa 10 cm Durchmesser. Auf die eine Scheibe zeichnen wir vier schwarze Kreisausschnitte, wie es Bild 1 zeigt. Die schwarzen Ausschnitte, die einen Winkel von 60° haben, sind doppelt so groß wie die vier weißen Segmente.
Jetz wird die zweite Scheibe bearbeitet. Die obere Hälfte färben wir schwarz, auf der anderen Hälfte ziehen wir mit dem Zirkel Kreisbögen: fünf im mittleren Teil der Scheibe, fünf im äußeren Teil (Bild 2). Mit dem schwarzen Filzschreiber ziehen wir die Kreisbögen dick nach.
Durch die Mitte beider Scheiben stechen wir je eine Stecknadel oder einen dünnen Nagel (Bild 3).

Zuerst wird die Scheibe 1 in rasche Umdrehung versetzt. Anfangs sehen wir auf der Kreisscheibe nur ein gleichförmiges Grau. Sobald die Scheibe aber ihre Drehbewegung etwas verlangsamt, wird sie plötzlich blau aufleuchten. Es ist zwar kein reines Blau, was wir sehen, sondern ein Schillern in verschiedenen Farbtönen, darunter besonders Rot. Als Mischfarbe ergibt sich schließlich ein schillerndes Violett. Merkwürdig ist, dass man den Versuch einige Male wiederholen muss, bis das Auge statt des Graus das farbige Aufleuchten erblickt.

Lassen wir die zweite Scheibe rotieren, so sehen wir zunächst lauter konzentrische Kreise. Drehen wir die Scheibe im Uhrzeigersinn – also rechts herum – so erscheinen die inneren Kreise viel heller als die äußeren. Außerdem fällt auf, dass der innere Teil der Kreisfläche mit den kleineren Kreisen gelb oder orange erscheint, der äußere mit den größeren Kreisen hingegen blau. Umgekehrt verhält es sich, wenn wir die Scheibe in der entgegengesetzten Richtung drehen. Dann wird der äußere Teil der Kreisfläche gelb und der innere blau.

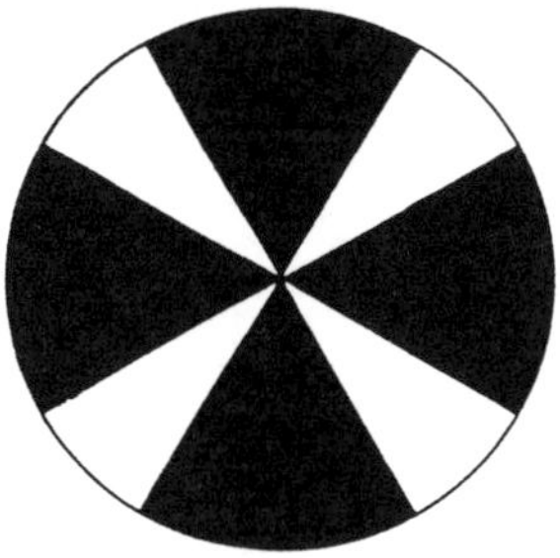
Bild 1

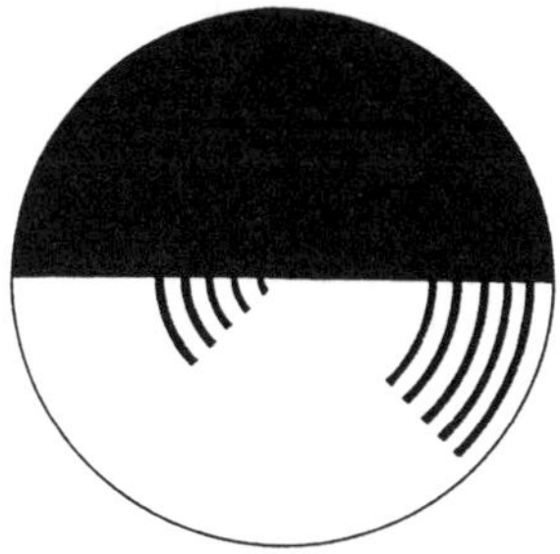
Bild 2

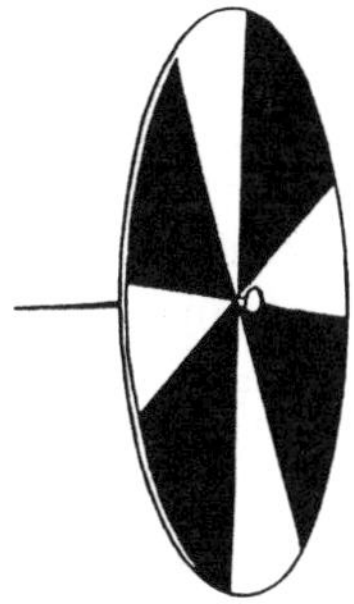
Bild 3

Farbige Schatten

8–10 ***rote, grüne und blaue klare Farbfolie, 2 Kerzen, Streichholzschachtel, weißes Papier, abgedunkelter Raum***

Schatten sind nicht immer grau oder schwarz. Es gibt auch farbige Schatten, wie wir gleich sehen werden. Wir verdunkeln den Raum und stellen zwei brennende Kerzen im Abstand von etwa 20 cm nebeneinander auf. Jetzt stellen wir die Streichholzschachtel etwa 20 cm von den beiden Lichtquellen auf. Es entstehen drei Schattenbilder: zwei graue Halbschatten und der schwarze Kernschatten, wo sich die beiden Halbschatten überdecken. Am besten sieht man die Schatten, wenn die Streichholzschachtel auf weißem Papier steht.

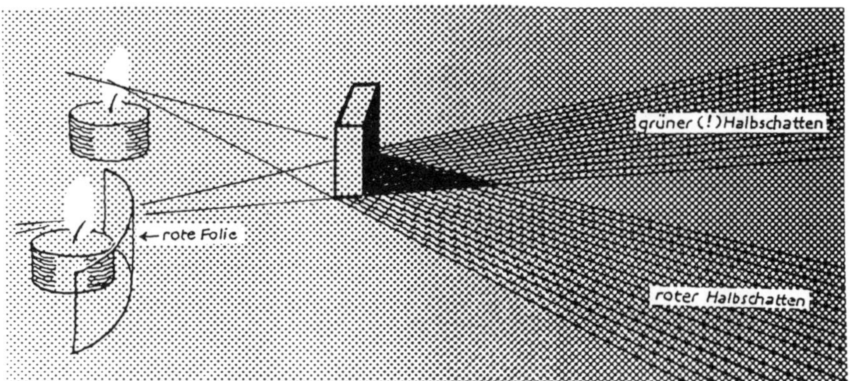

Nun halten wir vor eine Kerze eine rote Farbfolie. Die rote Folie filtert den roten Anteil aus dem weißen Kerzenlicht heraus. Sofort ist die Umgebung rot gefärbt

– auch der Halbschatten der anderen Kerze. Der Halbschatten des roten Lichtes ist aber zartgrün – obwohl kein grünes Licht da ist! Es ist die Komplementärfarbe zu rot. Diese eigenartige Erscheinung ist physikalisch nicht zu erklären; unser subjektives Farbempfinden ist dafür die Ursache.
Färbt man das Licht der Kerze grün, so ist der eigene Halbschatten rot. Halten wir die blaue Folie vor die Kerze, erscheint der Schatten orange.

Optische Täuschungen

5–10 Folien

Kopieren Sie die Abbildungen auf eine Overheadfolie. Dann können Sie alle Schüler gleichzeitig mit diesen optischen Täuschungen überraschen.

1. Punkte kommen und gehen
Wenn man so schnell wie möglich an den weißen Linien entlangblickt, so erscheinen an den Kreuzungsstellen graue Punkte. Wer diese Punkte entdeckt hat – bei manchen dauert es etwas länger – soll nun versuchen, einen Punkt etwas genauer anzuschauen. Das wird aber nicht gelingen. Sobald das Auge stehen bleibt, verschwindet der anvisierte Punkt.

2. Vase oder Gesicht?
Das ist hier die Frage. Das Auge kann sich nicht entscheiden: Mal sieht es eine Vase, mal zwei Gesichter, die sich gegenseitig anschauen.

3. Hase oder Ente?
Auch hier kann sich das Auge nicht entscheiden: Ist es eine Ente, die nach links schaut, oder ein Hase, der in die andere Richtung blickt?

4. Passt er oder passt er nicht?
Du siehst eine Stehlampe, eine Blumenvase, einen Tisch und einen Cent. Jetzt nimm einen Cent in die Hand und betrachte ihn genau. Passt er auf die Tischplatte, ohne dass seine Ränder überstehen? Ja oder nein? Prüfe nach und du wirst über das Ergebnis überrascht sein.
Passt vielleicht auch eine Zweipfennig-Münze auf die Tischplatte?

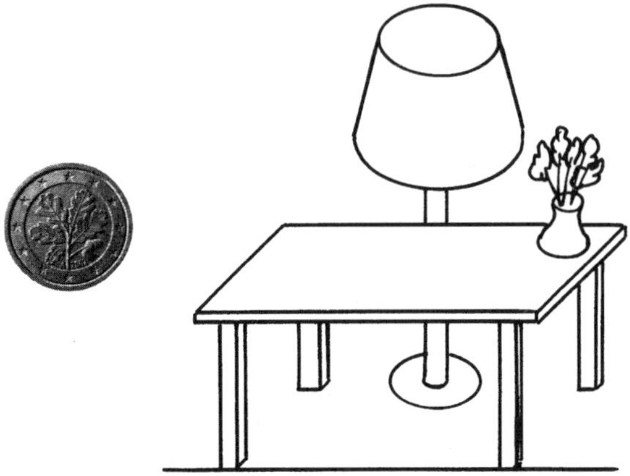

Wichtig ist, dass dieses Bild im richtigen Maßstab abgebildet ist. Dazu müssen Sie die obige Abbildung auf 160% vergrößern, sonst tritt der erwünschte Effekt nicht ein.

5. Junges Mädchen oder alte Frau?

Zuerst sieht man ein junges Mädchen, das nach hinten schaut. Aber wenn man das Bild länger betrachtet, wird aus dem Mädchen plötzlich eine alte Frau, die nach vorn links schaut. Aus dem Kinn des Mädchens wird die Nase der Alten.

Längswelle mit Streichhölzern

9–10 Streichhölzer

Lege eine beliebige Zahl von Streichhölzern so auf eine feste Unterlage, wie es die Skizze zeigt. Dabei soll die Kuppe des letzten Streichholzes nicht die Unterlage berühren. Mit deinem Zeigefinger drückst du nun bei X auf das erste Streichholz. Was passiert?
Der Druck pflanzt sich von einem zum anderen Streichholz fort, bis er schließlich beim letzten ankommt. Dieses hebt und senkt sich im gleichen Takt wie du auf das erste Streichholz drückst und wieder loslässt.

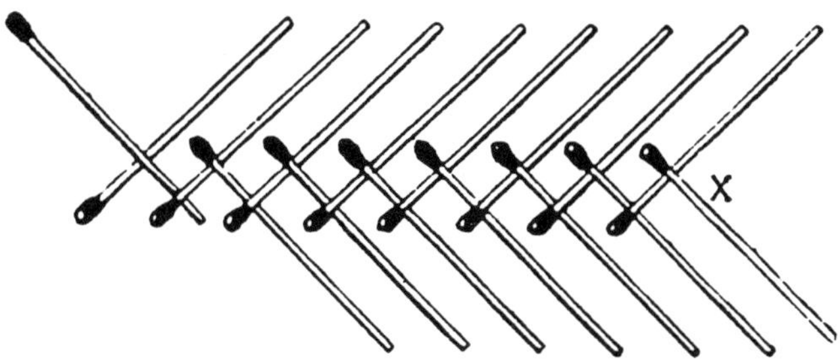

Man kann diese kleine Spielerei als Analogieversuch zur Darstellung von Längswellen einsetzen. Einen ähnlichen Versuch habe ich in dem Buch „Die Fundgrube für den Physik-Unterricht" beschrieben. Hier wurden für die Darstellung der Längswellen (Longitudinalwellen) Münzen benutzt, die in einer Reihe eng aneinander liegend von einer (oder mehreren) anderen Münze(n) angestoßen werden. Bei A stößt die Münze auf die Münzenreihe. Ein Verdichtungs- und Verdünnungsstoß wandert durch die Münzreihe. Die letzte Münze kann den Stoß nicht weitergeben und fliegt davon.

Gasfabrik

9–10 Packpapier, Feuerzeug oder Streichhölzer

Sie wickeln aus einem großen Bogen Packpapier eine Tüte, wie es die Abbildung zeigt. Die Spitze der Tüte soll eine etwa 6 mm große Öffnung haben. Nun halten Sie die Tüte mit der großen Öffnung schräg nach unten und zünden den Papierrand an. Sobald das Papier richtig brennt, sieht man, wie aus der kleinen Öffnung der Tüte ein weißliches Gas aufsteigt. Halten Sie nun die Feuerzeug-Flamme an das aufsteigende Gas, entzündet es sich wie normales Stadtgas.
Da die Tüte rasch verbrennt, dauert der Versuch nur ein paar Sekunden. Aber er zeigt doch deutlich, wie man beim Erhitzen eines holzartigen Produktes – hier das Packpapier – ein brennbares Gas herstellen kann.
Natürlich führen Sie diesen kleinen Versuch im Freien vor. Und vergessen Sie nicht, die Schüler darauf hinzuweisen, dass sie unter keinen Umständen dieses Experiment in geschlossenen Räumen ausführen dürfen.

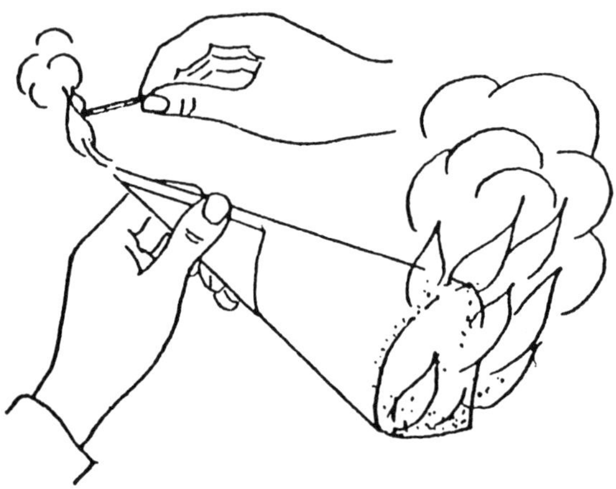

7. Bewegungsspiele

Balance

7–10 Trinkglas

Mit einem Glas Wasser auf dem Kopf fällt es den meisten Menschen nicht schwer, langsam geradeaus zu gehen. Aber versuchen Sie einmal, mit einem gefüllten Wasserglas, das Sie auf der Stirn balancieren, aufzustehen. Üben Sie es am besten erst mit einem leeren Glas, bevor Sie mit Ihren Schülern dieses Balancespiel ausführen.

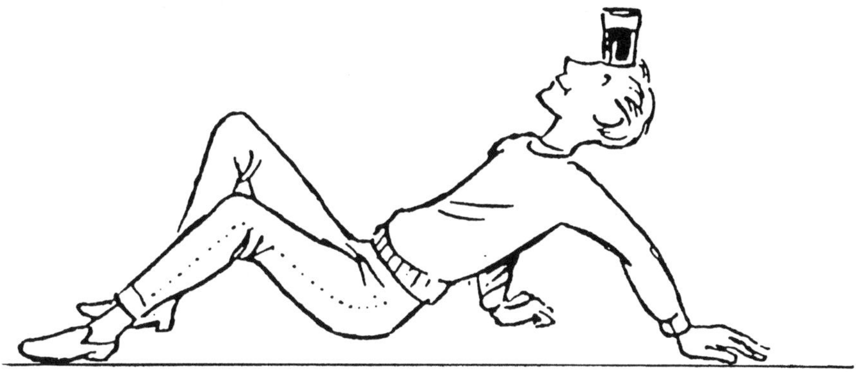

Blindgänger

5–10 Stock, Augenbinde, Maßband, kleiner Stein oder Geldstück

Ein Stock, eine Augenbinde, ein Geldstück und ein Maßband – mehr brauchen Sie nicht für dieses lustige und spannende Spiel. Sie können es im Freien, in der Pausenhalle oder sogar im Klassenraum spielen. Eine gelungene Vertretungsstunde ist Ihnen sicher.
Sie legen den Stein (oder ein Geldstück) als Markierung auf den Boden. Dann lassen Sie sich die Augen verbinden. Sie nehmen den Stock und ein Schüler führt die Stockspitze auf das Geldstück. Jetzt gehen Sie los: zehn Schritte geradeaus, dann rechts um und wieder zehn Schritte nach rechts. Und wieder einen 90°-Schwenk nach rechts und noch einmal zehn Schritte gehen und dann zum letzten Mal rechts um und zehn Schritte gehen. Jetzt müssten Sie doch wieder am Ausgangspunkt sein? Sie stechen mit der Stockspitze auf den Boden – dorthin, wo Sie die Münze vermuten. Dann nehmen Sie die Augenbinde ab.

Ein Schüler misst die Entfernung zum tatsächlichen Liegeplatz der Münze und notiert das Ergebnis. Der Nächste ist an der Reihe ...

Vorsicht! Blinde!

5–6 Augenbinde

Die Schüler bilden einen großen Kreis. In der Mitte steht ein Schüler. Er zeigt auf einen anderen Schüler aus dem Kreis und merkt sich genau die Richtung, in der er steht.
Jetzt verbinden Sie dem Kandidaten in der Kreismitte die Augen und drehen ihn fünfmal um die eigene Achse. Er wird noch ein wenig torkeln, aber er soll auf den vorher anvisierten Mitschüler zugehen und ihn berühren. Mal sehen, ob das klappt ...

Vertrauenssache

6–10 Je Spiel 5 min, kleine Gruppen

1. Die Schüler stehen paarweise Rücken an Rücken. Ihre Hacken sind etwa handbreit voneinander entfernt. Dann erhöhen beide langsam aber sicher den Druck gegeneinander, bis ein Partner weggeschoben wird. Achtung! Der Partner soll sich nur wenige Zentimeter bewegen. Jetzt wird die beiderseitige Druckkraft auf die Schultern langsam reduziert, bis beide wieder ganz entspannt Rücken an Rücken stehen.
2. Die Schüler stehen einander in leichter Grätsche gegenüber. Ihr Fußabstand beträgt ca. 20 cm. Sie legen bei seitwärts ausgestreckten Armen die Handflächen aneinander. Nachdem sich ein stabiler Gleichgewichtszustand eingestellt hat, vergrößern sie nach und nach ihren Abstand. Wenn beide anfangen zu wackeln und das Gleichgewicht nicht gehalten werden kann, nähern sie sich langsam wieder.
3. Ein Schüler steht in etwa 30 cm Entfernung mit dem Rücken zum Partner. Er schließt die Augen und lässt sich langsam rückwärts fallen. Dabei behält er seine aufrechte, etwas steife Haltung bei. Der Partner fängt mit beiden Händen den kippenden Körper auf und bringt ihn in die aufrechte Lage zurück. Vorher spricht er beruhigend die Worte: „Du brauchst keine Angst zu haben, ich fange dich auf.“

Der Abstand vergrößert sich auf 40 cm und wieder lässt sich der Schüler rückwärts in die Arme des Partners fallen. Achten Sie als Lehrer darauf, dass dieses Spiel nicht übertrieben wird und der Abstand zum kippenden Schüler nicht zu groß gewählt wird. Denn die Schüler überschätzen leicht ihre Möglichkeiten. Wenn Sie das Spiel in der Turnhalle ausführen, legen Sie Matten aus.

4. Dieses schöne Spiel geht nur mit einer geraden Schülerzahl. Aber nichts leichter als das: Entweder nehmen Sie einen Schüler heraus oder Sie selbst spielen mit. Die Schüler bilden einen großen Kreis und halten sich an den Händen. Auf Ihr Kommando lehnt sich jeder Zweite langsam nach vorn. Die dazwischen stehenden Schüler halten deren Gewicht und lehnen sich langsam nach hinten. Dieses Spiel sollten Sie unbedingt einmal ausprobieren, es macht großen Spaß.

Stuhl-Rennen

8–10 ***Stabile Stühle***

Dieses Spiel sollten Sie nur ausführen, wenn a) die Schüler einigermaßen beweglich sind und b) stabile Stühle zur Verfügung stehen.

Start- und Ziellinie sind markiert. Zwei Mannschaften, die aus je zwei Schülern und zwei Stühlen bestehen, stehen an der Startlinie. Die beiden Schüler stehen dicht an dicht auf einem Stuhl – den anderen Stuhl hält einer der beiden an der Lehne. Und los geht das Rennen. Der mitgeführte Stuhl wird abgesetzt und die beiden Schüler wechseln ihren Platz ohne den Boden zu berühren und stellen sich auf diesen Stuhl. Sie nehmen den ersten Stuhl und setzen ihn ein Stück weiter in Richtung Ziellinie und wechseln wieder ihren Platz.

Sie sollten als Spielleiter auch eine Begründung für diese ungewöhnliche Art der Vorwärtsbewegung geben: „Auf dem Boden wimmelt es von giftigen Schlangen und anderen gefährlichen Kriechtieren. Ihr müsst gemeinsam auf Stühlen euer Ziel erreichen.“

Dirigent und Roboter

9–10 Hindernisse

Eine kleine Unterbrechung und etwas Bewegung kann nicht schaden, wenn die Konzentration im Unterricht nachlässt. Und Spaß ist auch noch dabei. Wenn der Klassenraum nicht groß genug ist, gehen Sie mit den Schülern auf den Pausenhof. Es müssen aber einige Hindernisse vorhanden sein, z.B. ein paar Tische oder Stühle, ein Papierkorb oder herumstehende Schüler. Drei Schüler sind aktiv, der Rest geht zwanglos umher oder bildet kleine Stehgruppen.
Zwei Schüler stehen Rücken an Rücken. Der dritte Schüler steht bereit. Jetzt entfernen sich die beiden mit langsamen, gleichmäßigen „Roboter-Schritten". Der dritte Schüler ist der Dirigent. Er hat die Aufgabe, die beiden „Roboter" so zu dirigieren, dass sie über kein Hindernis stolpern. Er läuft schnell von einem zum anderen und gibt durch Klopfzeichen auf die Schulter die neue Richtung an: Dabei bedeutet ein Klopfen auf die linke Schulter links schwenken um 90° und ein Klopfen auf die rechte Schulter rechts schwenken. Kommt ein Roboter an ein Hindernis, tritt er solange auf der Stelle, bis ihm der Dirigent die neue Richtung anweist. Und zum Schluss müssen die beiden Roboter sich wieder treffen – aber nicht Rücken an Rücken, sondern Bauch an Bauch.
Das Spiel macht viel Spaß und auch die Zuschauer kommen auf ihre Kosten. Es kommt jeder einmal dran, entweder als Roboter oder als Dirigent. Am Anfang sollte man es dem Dirigenten nicht zu schwer machen und nur langsam gehen. Mit etwas Übung auf beiden Seiten kann dann das Tempo gesteigert werden.

Blindenführer

5–10 Hindernisse

Zunächst werden Paare gebildet. Und so findet jeder seinen Spielpartner: Der Lehrer ermittelt die Anzahl der Mitspieler und nimmt ebenso viele Karten aus einem Kartenspiel. Dabei achtet er darauf, dass immer zwei Pärchen zusammenkommen, also z.B. zwei Könige, zwei Damen, zwei Neuner usw. Dann lässt er alle Mitspieler verdeckt eine Karte ziehen. Gleiche Karten ergeben dann die Paare.
Dem einen werden die Augen verbunden, der andere ist der Blindenführer. Nun haben Sie eine Strecke mit Hindernissen aufgebaut, die der Blinde zurücklegen muss. Er ist auf die Hilfe seines Blindenführers angewiesen, der aber nur verbal, also mündlich, Anweisungen geben kann.

Wie sieht nun die Hindernisbahn aus? Vom Start muss der Blinde erst einmal fünf Schritte geradeaus gehen. Dort liegt eine leere Aktentasche, die er aufnehmen und öffnen muss. Zwei Schritte links und er findet einen Holzklotz (o.Ä.), den er in die Tasche steckt und diese wieder verschließt. Die Tasche trägt er zu einem Tisch, der wieder ein paar Schritte entfernt ist. Der Blinde muss die Tasche öffnen und den Holzklotz genau in die Tischmitte legen. Dabei ist vom Helfer keine Hilfe erlaubt.
Jetzt wird er zur Tafel geleitet. Dort liegt ein Stück Kreide bereit, mit dem er seinen Namen schreiben muss. Weiter geht es zur Tür, die er genau 20 cm weit öffnen soll – auch bei dieser Aktion ist keine Hilfe erlaubt. Dann führt ihn sein Partner zu einem Tisch, auf dem zwei Gläser (aus Kunststoff) stehen. Ein Glas ist mit Wasser gefüllt, das andere Glas ist leer. Der Blinde muss nun nach Anweisung das Wasser aus dem vollen Glas in das leere Glas schütten und dann wieder zurück in das leere Glas (eine große Plastikschale aus der Physiksammlung sollte schon bereitstehen).
Dann geht es auf schnellstem Weg wieder zurück zur Start/Ziellinie und die Zeit wird gestoppt. Das nächste Paar ist an der Reihe.

Zielwerfen

5–10 Softbälle, Getränkedosen, Papierkorb, Steine

1. Leere Getränkebüchsen sind in einer langen Reihe aufgebaut. In 5 m Abstand steht der Schütze hinter einem Tisch. Als Wurfgeschoss dienen Softbälle, die Sie Ihrer „Materialkiste für Vertretungsstunden" entnehmen. Sieger ist, wer mit 5 Bällen die meisten Treffer erzielt hat. Ein Schüler führt Protokoll.
2. Ein Papierkorb dient als Zielobjekt. Wieder versuchen die Schüler, aus 5 m Entfernung 5 Softbälle in den Papierkorb zu werfen. Herausgesprungene Bälle werden als Punkt gezählt. Schwieriger ist es, wenn Sie statt der Softbälle Tennisbälle nehmen.
3. Jeder Mitspieler hat 5 Steine gesammelt. Es kommt nun darauf an, jeden Stein in ein bestimmtes Feld zu werfen, wo er dann auch liegen bleiben muss. Vorher haben Sie die Felder markiert: entweder mit Kreide auf dem Asphaltboden des Schulhofes oder mit Strichen auf dem Sandplatz. Es werden die Punkte (entsprechend der Skizze) gezählt. Eines ist ganz klar: Je weiter das Feld entfernt ist, desto schwieriger ist es, Punkte zu gewinnen. Aber die weit entfernten Felder bringen die meisten Punkte. Liegen mehrere Steine in einem Feld, gilt nur einer.

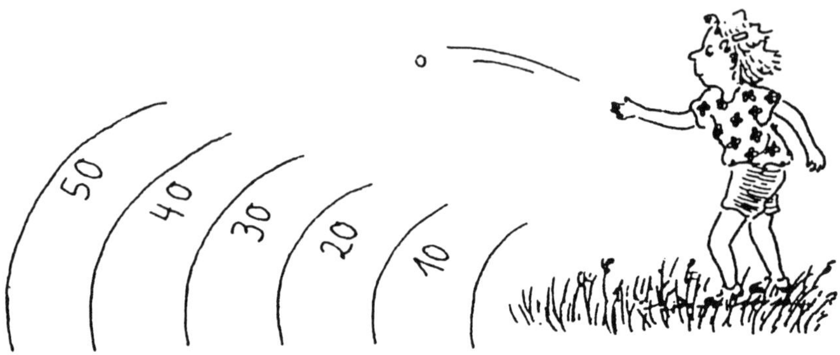

Jonglieren

5–10 ***Selbst gebastelte, mit Reis (oder Hirse) gefüllte Stoffsäckchen, evtl. Jonglierbälle***

Eine gute Entspannungs- und Konzentrationsübung ist das Jonglieren mit kleinen Stoffsäckchen*. Warum also nicht auch in einer Vertretungsstunde das Jonglieren üben? Hier die Anleitung zur Herstellung der Säckchen:
Schneide aus extrastarker Alufolie ein 20 cm x 20 cm großes Quadrat und forme daraus eine flache Schale. Fülle eine Tasse zu $\frac{3}{4}$ mit Reis. Schütte den Reis** in die Alufolien-Schale und forme daraus einen Ball. Schneide aus festem Leinen ein 25 cm x 25 cm großes Stück, lege den Ball hinein und falte aus dem Leinen ein Säckchen. Binde das Säckchen fest zu. Fertig. Baue ein zweites und drittes Jongliersäckchen und achte darauf, dass alle drei gleich schwer sind.

Grundstellung
Stelle dich locker hin. Das linke Bein soll etwas vorstehen und im Knie leicht angewinkelt sein. Die Oberarme bleiben seitlich am Körper, während du die Unterarme so nach vorn hältst, als wolltest du ein Tablett tragen. Beim Werfen und Fangen hebst du nur die Unterarme an – die Ellenbogen sollen sich nur wenig bewegen.

* Bei der Beschreibung nenne ich die Jongliersäckchen „Bälle".

** Warum gerade als Füllmaterial für das Jongliersäckchen Reis nehmen? Ist das keine Verschwendung von Lebensmitteln? Gern würde ich etwas anderes nehmen, aber gerade Reis hat die Eigenschaft, einen Fall gut zu dämpfen. Und das Säckchen soll doch bei den vielen Fehlversuchen nicht wie ein Ball davonrollen.

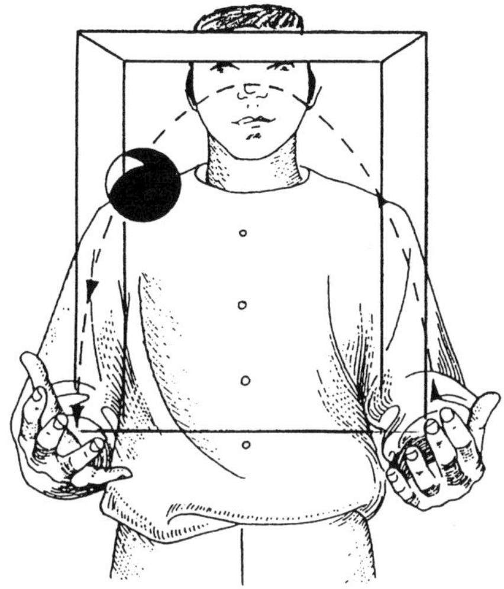

Grundübung mit einem Ball

Denke dir einen offenen, hohen, rechteckigen Holzkasten, den du mit beiden Händen vor dich hältst. Die obere Kante des (gedachten) Kastens befindet sich in der Höhe deiner Haare. Wirf einen Ball mit der rechten Hand in die linke obere Ecke des gedachten Kastens. Verfolge mit den Augen die Flugbahn. Fange den Ball mit der linken Hand auf. Gehe nicht mit der Fanghand dem Ball entgegen. Wirf nun den Ball mit der linken Hand hoch zur rechten Kastenecke und fange ihn mit der rechten Hand auf. Übe das Werfen und Fangen mit einem Ball, bis du dich sicher fühlst.

Jetzt wirfst du den Ball wie gewohnt hoch, fängst ihn aber nicht auf, sondern klatschst ihn wie mit einem Tischtennisschläger zurück.

Dann spiele ein wenig: Wirf den Ball hinter dem Rücken über deinen Kopf nach vorn und fang ihn mit der anderen Hand wieder auf. Du kannst den Ball auch unter einem angewinkelten Bein hindurchwerfen.

Jonglieren mit zwei Bällen

Wirf einen Ball aus der rechten Hand schräg nach oben. Kurz bevor der Ball die obere linke Ecke des (gedachten) Kastens erreicht hat, wirfst du den anderen Ball aus der linken Hand in die obere rechte Ecke. Du fängst den ersten Ball mit der linken Hand auf und dann den zweiten mit der rechten Hand. Bestimmt werden die ersten Versuche nicht gelingen, aber das ist ganz normal. Du darfst nur nicht verzweifeln. Nach einer halben Stunde fleißigen Übens bist du schon ein fortgeschrittener Jongleur.

Als Vorübung für das Jonglieren mit drei Bällen nimmst du zwei Bälle in die rechte Hand, während du aber weiterhin mit zwei Bällen übst. Ein Ball bleibt dann immer in der rechten Hand.

Jonglieren mit drei Bällen
Nimm zwei Bälle in die rechte und einen in die linke Hand (Linkshänder umgekehrt). Wirf einen Ball von der rechten Hand schräg nach oben. Kurz bevor er die obere linke Ecke des gedachten Kastens erreicht hat, wirfst du den Ball aus der linken Hand nach rechts oben. Mit der nun freien linken Hand fängst du den ersten Ball auf. Sobald der zweite Ball seinen höchsten Punkt erreicht hat, wirfst du den dritten Ball aus der rechten Hand nach oben. Dann fängt auch schon die rechte Hand den zweiten Ball und die linke den dritten. Und in dieser Reihenfolge geht es dann immer weiter ...
Das hört sich schwierig an, aber nach vielen Übungen wird dir das Jonglieren mit drei Bällen gut gelingen.

Einige Tipps: Übe höchstens zweimal 10 Minuten hintereinander und mache dazwischen eine kleine Pause. Bei vielen Anfängern fliegen die Bälle nicht senkrecht hoch, sondern weit weg vom Körper. Um das zu verhindern, stellst du dich beim Jonglieren vor eine Wand. Jetzt können sich die Bälle nicht mehr so weit entfernen. Stell dich später zum Üben vor ein Bett. Dann musst du dich beim Aufheben der heruntergefallenen Bälle nicht so tief bücken.

8. Buntes Allerlei

5–10

Quadrat gesucht

Zeichne ein Quadrat mit drei Strichen!

Lösung:

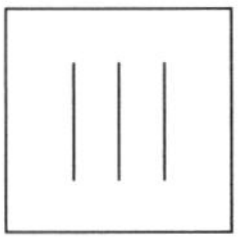

Der kleine Unterschied

Zur Aufheiterung eine kleine Witzfrage: Was ist der Unterschied zwischen einem Bäcker und einem Bettvorleger? Ganz einfach: Der Bäcker muss um vier Uhr aufstehen, der Bettvorleger kann liegen bleiben.

Nicht zu leicht

„In welcher Sportart wird ein kugelförmiges Gerät aus Eisen benutzt, das 2 Tonnen wiegt?“
„Keine Ahnung.“
„Kugelstoßen.“
„Aber die Kugel wiegt doch nur 7,25 Kilogramm.“
„Na ja, die 2 Tonnen habe ich nur erwähnt, damit das Rätsel nicht zu einfach ist.“

Mysteriös

Jemand bewegt einen Stein vor ein Hotel, zahlt 40 000 Mark und schiebt den Stein wieder fort. Wo liegt das Hotel?
In der Schlossallee. Sie kennen doch das Monopoly-Spiel?

Konzentration

Konzentriere dich auf folgende Geschichte:

„Stell dir vor, du bist Fahrer einer Straßenbahn mit 40 Fahrgästen. An der ersten Haltestelle steigen 5 Fahrgäste aus. An der nächsten Haltestelle steigen 10 aus und 2 steigen ein. Bei zwei weiteren Haltestellen steigen je 4 Fahrgäste aus.

Zwei Fragen musst du mir beantworten: 1. Wie oft hat die Straßenbahn angehalten? 2. Wie heißt der Straßenbahnfahrer mit Vornamen?"
Wenn du aufgepasst hast, sind die Antworten einfach: 4 Haltestellen. Und deinen eigenen Vornamen wirst du doch wohl wissen ...

Immer, wenn ich dichte ...

„Ich leide an Versagensangst,
besonders wenn ich dichte.
Und diese Angst, die machte mir
so manchen Reim zu Schanden."
R. Gernhardt

Bastlers Hände sprechen Bände

„Ein kleiner Rest von Staufferfett
ging nicht mehr weg vom Nagelbett.
Ein Kratzer an der rechten Hand,
der Zeigefinger leicht verbrannt,
der linke Daumennagel blau,
(nicht Farbe, sondern Blutungsstau).
Die Haut, die fast zum Schmirgeln taugt,
vom Nitrolöser ausgelaugt,
vom Bimsstein rau und rot geschliffen,
sowie vom Bürsten angegriffen,
und doch: Die feinen Rillen schwarz
vom Kleber, Dispersion und Harz.
So sprechen eines Bastlers Hände
nach jedem Wochenende Bände."
Helmut Seitz

Illusion

„Wenn man das zierliche Näschen
von seiner liebsten Braut
durch ein Vergrößerungsglas
näher beschaut,
dann zeigen sich haarige Berge,
dass einem graust.“
Joachim Ringelnatz

Ganz leichte Rätsel

Was hat acht Beine, zwei Arme, drei Köpfe und zwei Flügel?
Ganz einfach: Ein Mann mit Kanarienvogel auf einem Pferd.

Warum heißt die Hyäne Hyäne?
Es ist bald hi ene, bald da ene ...

Was ist vor dem Waschen sauberer als nach dem Waschen?
Ganz einfach: das Wasser.

Sophismen

Aller Anfang ist schwer. Müßiggang ist aller Laster Anfang. Daraus folgt: Müßiggang ist schwer.

Eine Katze hat einen Schwanz. Keine Katze hat zwei Schwänze. Eine Katze hat demnach einen Schwanz mehr als keine Katze. Also hat eine Katze drei Schwänze.

Taucher

Ein Taucher muss tauchen, sonst taucht er nichts.

Boxer

Der Boxer mault: „Der Weg von der Kabine zum Ring ist viel zu weit.“
Sein Trainer: „Beruhige dich doch. Zurück wirst du ja getragen.“

Orden

„Wofür haben sie ihre drei Orden bekommen?“
„Den ersten bekam ich, weil ich noch keinen hatte. Den zweiten, weil ich erst einen hatte, und den dritten, weil ich schon zwei hatte.“

Wohltäter

„Wer zwei Mäntel hat, gebe dem einen, der nur einen Mantel hat, damit auch er zwei hat.“

1 - 1 = 2

Schneide von *einem* Bindfaden *ein* Stück ab. Jetzt hast du *zwei* Stücke.

Zukunftsaussichten

„Was machst du nach deinem Examen?“
„Was schon. Das Examen noch einmal.“

Berufung

„Mein Sohn will unbedingt Maurer werden.“
„Warum gerade Maurer?“
„Ihm fällt nichts ein.“

Anwälte

Treffen sich zwei Anwälte. „Na, wie geht's?“
„Ach, schlecht. Ich kann nicht klagen.“

Rohes Ei

Wie schaffst du es, ein rohes Ei ohne irgendeine weiche Unterlage einen Meter tief fallen zu lassen, ohne dass es zerbricht?
Lass es aus 110 Zentimeter Höhe fallen. Dann fällt es einen Meter, ohne zu zerbrechen.

Gerechte Teilung

Stell dir vor, du hast 17 Äpfel und möchtest sie gerecht unter fünf Kindern verteilen. Was machst du?
Du machst aus den Äpfeln Apfelmus.

Etikette

Du bist eingeladen worden und man bietet dir eine Tasse Tee an. Du wirfst ein Stückchen Zucker in den Tee, nimmst den Teelöffel, verrührst den Zucker, hebst die Tasse an den Mund und trinkst. Was hast du falsch gemacht?
Du hast vergessen, den Löffel aus der Tasse zu nehmen.

Schwein gehabt

Wusstest du, dass es das Hausschwein, das Wildschwein und auch das Warzenschwein heißt, aber *der* Kirschwein?

Beim Optiker

Was macht ein Optiker, wenn er kein Glas hat?
Er trinkt aus der Flasche.

Ein Kunde beim Optiker: „Ich brauche eine Brille."
Optiker: „Kurzsichtig oder weitsichtig?"
Der Kunde: „Durchsichtig."

Der Optiker unterweist seinen Sohn: „Wenn der Kunde die Brille probiert hat und nach dem Preis fragt, so sagst du: Zweihundert Euro. Dann wartest du ab.

Wenn er nicht reklamiert, so fügst du hinzu: Für das Gestell. Die Gläser auch 200 Euro. Dann wartest du wieder ab und wenn er immer noch nichts sagt, so erklärst du ihm: Jedes."

Auch Lehrer sind Menschen

Der Lehrer betritt mit Aufsatz-Heften unter den Armen das Klassenzimmer. „Hier mach' ich rechts einen Haufen, der ist klein aber gut, und links einen, der ist groß aber schlecht."
Brüllendes Gelächter in der Klasse.
Der Lehrer ärgerlich: „Und wenn ihr frech werdet, dann setz' ich noch einen vor die Tür."

Jochen

Jochen hat eine neue Digitaluhr geschenkt bekommen. „Wie spät ist es", fragt sein Vater. „Fünfzehn geteilt durch fünfundzwanzig. Aber ausrechnen musst du es selbst."

Beim Militär

K. wird eingezogen. Der Spieß fragt: „Haben sie einen Hauptschulabschluss?"
K. antwortet empört: „Ich habe Medizin und Germanistik studiert, bin Dr. med. und Dr. phil. und ..."
Der Spieß unterbricht ihn: „Das genügt." Und schreibt auf die Karteikarte: Für die Schreibstube geeignet.

Schicksal

Ein älterer, ärmlich gekleideter Herr betritt die moderne, großzügige Metzgerei: „Bitte für einen Euro Gehacktes."
Der Meister bedient selbst, stutzt beim Anblick des Kunden und wiegt ihm dann 1 Pfund Gehacktes ab. Dazu legt er ihm noch 2 Mettwürste und einen großen Schinken. Und das alles für 1 Euro. Kaum ist der ebenso erstaunte Kunde gegangen, stürzt die Meisterin auf ihren Mann: „Ja, bist du denn ganz verrückt geworden?"

„Lass mal, Liebste, das war mein alter Klassenlehrer. Wenn ich bei dem nicht sitzen geblieben wäre, wäre ich jetzt arbeitsloser Akademiker."

Zum Schluss

Es ist eine schlechte Angewohnheit, angefangene Sätze nicht zu Ende

Materialsammlung für Vertretungsstunden

Viele Spiele, Ideen und Aufgaben, die ich in den beiden Bänden „Die Fundgrube für Vertretungsstunden" vorgestellt habe, kommen ohne bestimmtes Material aus, aber einige erfordern doch eine gewisse Vorbereitung und Materialbereitstellung. In einer größeren Kiste, Koffer o.Ä. sollten sich befinden:

- Spielgeld-Karten (ähnlich Monopoly)
- Papp-Karten mit Städtenamen
- Papp-Karten mit Zahlen
- Kärtchen mit Hauptwörtern
- Bierdeckel
- schwarze und weiße Pappkarten
- Zollstock (Gliedermaßstab)
- Stoppuhr
- Litergefäß, evtl. Einmachglas
- Bandmaß
- mehrere leere Joghurtbecher
- Würfel
- 20 leere Filmdosen
- 20 volle Streichholzschachteln
- mehrere Schlafmasken (Langstreckenflieger)
- Blanko-Urkunden
- Schreib-Folien
- wasserlösliche Folienstifte (non permanent)
- bunte Kreide
- mehrere leere Getränkedosen
- Sicherheitsnadeln
- Reißzwecke
- Büroklammern
- Schnips-Gummi
- Softbälle
- alte Tennisbälle
- Tischtennisbälle (auch defekt)
- Papp-Fenster (zum teilweisen Abdecken von OH-Folien)
- 20 Perlon-Seile, je 1,5 m lang
- Trillerpfeife
- Taschenlampe

- Kartenspiel
- Personenwaage
- 5 gleiche Fahrradklingeln
- bunte Folie
- Kerzen